Joël Gissy

Ego sum Monstrum

Édition : BoD · Books on Demand GmbH,
In de Tarpen 42, 22848 Norderstedt (Allemagne)
Impression : Libri Plureos GmbH, Friedensallee 273,
22763 Hamburg (Allemagne)
ISBN : 978-2-3225-5786-8
Dépôt légal : Octobre 2024

Ego sum Monstrum

I.

Ma grotte secrète

Marchant sur le chemin par le Gouffre du Diable,
J'aperçus un bosquet de coudriers tordus.
Je me dis : « C'est une forêt de sorcières ! »
Et je m'enfonçai dans la sylve inextricable.
Une caverne ronde entrait dans le talus,
Chargée de lierre, de mousse et de fougères.
Un joli petit sapin poussait à côté.
M'accroupissant dans le noir terreux, j'y entrai,
Puis, pas à pas, aux lueurs du briquet, j'avançai.
Jusqu'à cette nuit, je n'avais jamais osé
Aller jusqu'au fond de la galerie, de peur
Qu'elle ne s'effondre, quand j'entendis le pleur
De l'aimée recroquevillée, pour l'embrasser.

II.

Ivresse architecturale

Dans la sérénité de l'Alhambre à Grenade,
Par les salles sculptées, lumineuse façade,
Comme une végétation minérale au mur.
Là-bas, pas un passant. Le silence était pur.
Et les dimensions s'enlacent, d'un derwich.
On dirait une conception du haschisch.

III.

Butinage

La chauve-souris que j'avais voulu sauver
Après lui avoir planté ma fourchette au dos,
Puis poussée par la fenêtre, tel un ver gros,
Tentait, revenant sans cesse, de m'embrasser.
Elle avait l'air revêtue d'une carapace,
Et transformait soudain sa vampirique face.
De son groin de desmodontiné me léchant,
Elle devenait une aimable et tendre enfant.

IV.

Aria pour Agathe

Dans mon cœur ténébreux, ta tendresse est gravée
Comme un discret sourire. Et dès que je te vis,
Tu me manquais déjà de quelques pas franchis.
Pourtant, luttant, je ne t'ai jamais embrassée.
J'avais trop peur -Et qui sait toi?- de la souffrance,
A cause de la si courte et longue distance.

V.

A Mélanie

Te voici régénérée dans les flots du fleuve
Où de lointaines traditions l'écho s'abreuve.
Déluges anciens dont tu te souviendras,
Un être invisible te prendra dans ses bras.
Je te vois là, petite entité souriante,
Entourée de nos pensées en nuée aimante.
L'être est modelé par sa pressante passion.
Révéler l'existence en chaque exception,
Chaque jour, sache, en ta conscience, Mélanie,
Te baignant, renaissance, aux sources de la vie.

VI.

La Ruée

Sculpture pour Mathilde

L'ocre, atroce infloraison d'oublieux ennuis,
Mélange en affreuse trace une âme engluée.
Féroce, a grincé l'ogre en rire de l'huis.
S'aquatise, en un chthonien bouc, nymphe agressée.
J'avais fait une anadyomène Aphrodite.
Dans cette amphore enfouie, la goulafre est dite.
D'une voix douce: « As-tu représenté mes seins ? »
Je l'aimais, bête, en tes délicieux entrains.

VII.

Le Courant tellurique

Les neurones de consciences végétales
En infimes réseaux enfouis, de leurs rhizomes,
Communiquent à travers la forêt, fantômes
Des arbres anciens et des plantes vagales.
Transes et malaises des joies primordiales,
En nos corps, notre cœur communique, au cerneau
Qui se rejoint, invisible, à notre cerveau.

VIII.

Gonfanon

Cheval bigarré comme Vairefils,
Le Beaucéant sacré se dresse en lys.
A l'Orient nouveau resplendit l'iris.

IX.

Dialecte surnaturel

La fée comme un insecte
Peut penser une idée.
De nectar se délecte,
Puis, oubliant, est née.
Tükriküt, tribu, se crée.

X.

Piédestal

Une plante pousse en jaillissant de sa gorge.
Gargouille en grès, végétale, ainsi que de l'orge.
Des coquecigrues courent parmi le feuillage
Evoquant Bès, le dieu nain, de ce visage.

XI.

L'Abomination des Pyrénées

Ne se nourrissant que de son carnage cru,
La Came cruse, enfant ogresse, avait mangé
Une cuisse, à son insu. Métamorphosé
En jambe, son corps nu avait développé
Un œil et sa mâchoire en sourire dentu.

XII.

Inquiétude

Poème en langage des calamars

Visage soudain pris d'un rose pailleté,
Il devient progressivement orangé.
Tandis que s'empourprent les sourcils minuscules,
Comme un lent reflux d'encre, le corps vire au bleu.
Souple, la queue d'azur s'orange peu à peu.
Sourcils plus rouges ; frémissent les tentacules.

XIII.

Momifié vivant

Je suis un stylite au sommet de son ivresse,
Environné par l'iris d'une vierge druze.
Le regard de l'Ange a stylisé ma paresse
En une fleur de lys abyssale et confuse.
Les couleurs sont passées, par le blanc diffractées.
Dendrites aux tukdam par les Klystys chantées.

XIV.

N'allez pas là-bas

L'entité du Mont des Morts chante en infrabasse.
Sur la neige embrumée, l'autre univers dépasse.
La voix broie d'un bruit coi le squelette, et terrasse
L'intrus né, nez-à-nez, comme un monstre sans face.
Courant nu sur le col Dyatlov, on trépasse
Une dimension où l'illusion s'efface.
Chacun comme en un reflet à l'envers se chasse.

XV.

Fantaisie japonaise

Sur le dos massif d'une tortue torturée
Par les enfants, vers le palais d'Otohimé,
Déesse aux cheveux comme une algue entrelacée,
S'en va le garçon, des mers en l'onde enlisée.
D'un paysage bleuté sombrant, nuancé,
Par des cavernes sous-marines remonté,
L'animal reconnaît sa générosité.
Quand, soudain d'êtres inconnus environné,
Le sage ancien s'oubliant s'est réincarné.

XVI.

Haïku sur l'hiver

氷がきらめく
水晶の枝
ミッドナイトブルー

La glace scintille
les branches sont de cristal
bleu nuit

Phonétiquement :

Kōri ga kirameku suishō no eda middonaitoburū

14

XVII.

Année oubliée
l'esprit les yeux dans les mains
suçote les os

XVIII.

Hendécasyllabes dantesques

Des profondeurs de la mer et des forêts
Du Gabon se révèlent d'anciens secrets.
Un serpent océanique au troisième œil
D'une grotte ignorée se tient sur le seuil
Devenant un triton chevauchant l'écueil.
La sirène Ipeti vit dans la Dola,
Douleur d'éternité qui la consola.
D'une autre dimension revient Cousteau,
A la main serrée au célèbre couteau.
Le cyclope flamboie de son orbe rouge
Ainsi qu'un périsprit frappé de sa gouge.

XIX.

La Trompe

Quand le mage sylvestre, en sa corne d'auroch
Vrombit en infrabasse un chant immémorial,
Qui s'épand au feuillage et vibre par le roc,
Craquent les rhizomes du frêne primordial.
Le noisetier, d'écureuils, frissonne en l'azur.
Le sanglier lui sourit de son œil obscur,
Le chevreuil le contemple. Et même les abeilles
S'amassent, parfumées, embrassant ses oreilles.
Et les grives lui parlent d'antiques légendes
Dont les corbeaux familiers portent les offrandes.
Viennent à lui les musaraignes et les lièvres.
Les papillons de nuit se posent sur ses lèvres.

XX.

Hiéroglyphes runiques

Je vais me faire ättestupa,
Tel Procope de Césarée.
Ancêtres des Vikings, saga
Des fous, tourne, tête carré,
La clef oblique du gardien,
Chef coiffé d'un tricorne ancien
Du Livre des Morts égyptien.
L'aura flamboie de qui saura.

XXI.

Louange vibrante

En des tréfonds impurs, mon âme s'inquiète.
Entre la Lune et Mars, la douce Habuhiah,
Adorable, triomphe de sa calme aura.
Il est une petite et sage violette.

XXII.

La Nymphe des Brumes

Lueur bleue projetée par la lune croissante
Sur le mur blanc sous les cyprès un soir tardif
Tels de sombres sourcils froncés, nuit retombante,
Les verdeurs s'aquatisent de l'aulne plaintif
De l'allée où nous avons erré dans la brume.
Sur la rivière, une petite nymphe fume.

XXIII.

L'Icône

En cette sombre vallée de larmes, fantôme,
L'errance à pas sans sol, brumeuse de nos pleurs,
S'éveille aux relents de pestilentielles fleurs,
Tel d'un râle impossible, amuï, le symptôme.

Notre salive a comme un goût d'adrénochrome,
Et notre volupté, de lucides odeurs,
Se complet dans la nuit de languides stupeurs.
Panique apesanteur d'un impossible psaume,

Le coureur terrorisé, plus il veut crier,
Étouffe en balbutiant son appel étranglé.
Promettant l'oubli d'une amoureuse ambroisie,

Semblant Circé, douce image, flattant son porc,
Son espoir trompé l'enchaîne à son amnésie
Dont flotte, ombre échouée, le mirage du port.

XXIV.

Le Pélican

Le pélican plonge son bec dans sa poitrine
Pour nourrir son enfant de son hémoglobine.
Souffrance immaculée du sanglant sacrifice,
La pensée révélée remonte de l'abysse.
Ainsi, l'aigle perce le ciel de son regard,
Tel Horus face au soleil, exprimant son Art.

XXV.

L'Antre intérieur

Dans les tremblements d'impossibles arabesques,
S'imaginent les ardeurs de faces grotesques.
L'Anima sola s'agrippe aux barreaux de fer,
Athanor où se volatilise l'éther.
Girant par le détour de la caverne antique,
S'égare le pas du solitaire, hermétique.
Triomphant, se devine un Moloch d'or qui craque,
Fenêtre ajourée d'une fournaise orgiaque.

XXVI.

Chloris

Marchant sous la pluie, telle une diphylleia,
Sa robe immaculée devient translucide.
Frémit la fleur squelette à la blancheur candide
Semblant soyeusement de cristal où l'aura
D'une âme expire en variant sa lueur viride.

XXVII.

Nostalgie originelle

À contre-cœur, de retour à son âge,
Comme un revenant dans un sarcophage,
L'âme se couche en craquant dans son corps.
Prisonnier, tel un papillon, des sorts
Englué dans la toile de la matière,
Se débat l'acharné vers la lumière.

XXVIII.

La Sagesse de Mehen

L'Osiris muet qui porte ton Nom
Traverse les Portes. Nageant en rond,
Fondu dans le métal du Phlégéthon,
Ame éternellement en fusion,
Si, intransigeant, le Chacal dit non !
Verte chair, l'or survit à l'illusion
Et accomplit sa transmutation.
L'attend à l'angle une déesse amie.
De l'océan Noun, goûte à l'ambroisie
De Taousert, replongeant à l'ironie !
La Dame de la Nuit, sans envie,
D'un soupir nouveau, lui redonne vie.

XXIX.

Le Reclus

Le seigneur ténébreux, tout à coup, tire l'as
Comme une déformation du Codex Gigas.
L'ancien maître le dit en sa cour à Arras.

Enfermé dans sa tour,
Guetté par un autour,
Telle en un lai d'amour,

Il échange sa liberté
Contre une humeur de la clarté.
Ainsi qu'un vieux bouc noir qui brame,
La fureur exauce son âme.

XXX.

Songe en miniature

1.

Tu t'étais transformée, petite fée
A la chevelure toute emmêlée
Comme les fils de racines terreuses.
Tu m'as accueilli dans tes souches creuses.
J'aimais tant cette petite demeure,
Terrier où se réjouissait ta famille,
Les poches remplies de gros champignons
Dont les gonflaient d'odeurs les chapeaux ronds,
Dans les bosquets rêvés aux fleurs mouvantes
Semblant parfois des grenades béantes.
Ah ! me noyer sans fin dans tes yeux noirs
Luisant ainsi que de petits miroirs,
Tandis que nous nous effleurions la main.
Mais, à présent, bien loin, mon âme pleure.
Sont parties, étranges, les voix chantantes.
Quand j'ai parlé à ce jeune lutin
Fumant sa pipe avec un air malin,
Soudain, s'est fanée la petite fête,
Dans la seconde où j'ai tourné la tête.

2.

La Mère obscure

La Dormeuse anormale,
Au fin visage pâle,
Souvent, passait ses nuits,
Tous l'avaient raconté,
Penchée sur le bébé
Avec ses yeux rougis
Dans ses longs cheveux noirs,
A tousser. Tous les soirs,
On la voyait sortir
De sous son arbre creux,
Dans un soupir affreux ;
À l'ombre de son pas,
"Car ils ne viendront pas !",
Un vieux de m'avertir,
Et j'entends murmurer
Ses filles : me méfier
De ces buveurs de sang,
De la maudite enfant.

XXXI.

Te rejoindre

Je suis un chevalier faé,
Egaré sur sa route, borgne.
Un hibou, Wotan ou Hérou,
Je suis la lueur de ton œil.
La trappe du druide est un trou.
Le papillon s'attrape et lorgne,
Butinant, sagesse, hébété,
Toujours, se cognant sur le seuil.

XXXII.

Sans retour

Prends-moi la main, emmène-nous
Sous ta souche, par tes forêts,
Couche où les rêves s'étreindront,
Mousses parsemées de violettes.
Susurre-moi comme une plante
À la chair d'azur succulente,
Le suc sucré boisé des goûts
Où l'ire égara la raison.
La langueur des arbres, mouvante,
Seule, a su murmurer ton nom.
Des trompettes, éclos au son,
Pleurent les souvenirs discrets
Du fond des demeures secrètes.

XXXIII.

Conclusion

Attendre toute sa vie qu'elle se termine.
Où qu'on aille, c'est toujours soi-même qu'on traîne.
"Anywhere", avait crié l'âme exaspérée,
En son vaste hôpital sans espoir et sans haine.
Dans son propre reflet, la divine atterrée,
Son spectre ironique en filigrane devine.

XXXIV.

Transe fugace

Ouvre de grands yeux la divination brève
Comme un esprit bienveillant de Jóska Soós.
Ainsi qu'un angekok, s'éveille dans son rêve
Le chant rosé du coq où meurt Dionysos.

XXXV.

Retrouvailles oniriques

Ses petits yeux luisaient, argentés dans la nuit.
Nous avancions dans la sylve à pas silencieux,
Nous allongeant entre les bras d'un arbre creux.
Étreinte absolue, racines du fond des âges,
Sa chevelure m'enlaçait de ses branchages,
Quand, à l'aube, notre éternité s'endormit.

XXXVI.

Miroir concave

Quand le chamane songe ainsi qu'en un cercueil,
Rougeoie sa paupière éblouie par le soleil.
Comme un regard convexe enfermé dans son crâne,
S'irise, éclair imprimé, la face diaphane.
Du rêveur s'efface à l'érosion de l'éveil
La membrane racornie de son troisième œil.

XXXVII.

Ogivette

Décomposant son secret mimétisme,
Un rayon de miel vacille en son prisme.
Diffracté par une larme de sève,
Là-bas, semble, incertain, trembler son rêve.
L'arc filtre à travers une feuille fine
Ainsi qu'une lame de serpentine.

XXXVIII.
Les Deux Fontaines

Dans un noble hôtel tout de marbre florentin,
J'avais rêvé d'un blason, puis d'un palais mien.
D'effroi me crispant à trois heures du matin,
Un spectre au bois de lit avait frappé soudain.
Près du départ, tambourinant, le lendemain,
Puis dans un froid silence, à la porte du coin,
Une silhouette en simarre dans un clin
De seconde a disparu, reculant, plus loin.

XXXIX.
Froncement

Sous la tente, *seltsam*,
Le druide solitaire
A su dire en se taire.
Silence à la frontière.
Sans justifier, *tukdam*.

XL.
Science terrible

L'attraction et la distance de tous les astres
Modèlent les événements et les désastres.
Certains lieux plus que d'autres, par loi mimétique,
S'imprègnent d'une anti-réciproque plastique,
Provoquant, exacts symbolisés dans des lames,
Les mouvements justes prédestinés des âmes.

XLI.
Fidélité

Jamais porter le doux,
Facial, ultime coup,
Phanor le Syrien
Avec Mathouséël.
Être vrai, juste et bon,
De liberté fécond.
Le dieu tête de chien
Marque sa frontière.
Sous le nocturne ciel,
Éclatant de lumière,
L'athanor bout du fond
Du caveau rituel.
Le bleu se fond au rouge
Et personne ne bouge.

XLII.

Mon plaisir

Blotti dans une grotte,
Je surgissais, soudain,
En jodlant sur un fa,
Pour appeler à l'aide.
Exaltant mimétisme.
Sous cette pente raide,
Cri de Frau Troffea,
Féroce et vieux daim,
C'était au paroxysme.
Aux pierres, je me frotte.

XLIII.

La Philosophie

Pagayer contre le courant,
Toujours, tant que, l'homme est vivant.
La vertu vive de l'enfant
Crie sous l'incomplet firmament.
Se dispute, le flot qui plie.
La force sera de la vie
Même si l'effroi nous envie
Le trépas craint que l'autre oublie.

XLIV.

Condition

L'Artiste est comme un arc, d'une flèche enflammée
Que nous devons envoyer le plus haut possible.
C'est l'Idéal de cette étoile inaccessible,
Même si par tous les humains déchiquetés
Levant les yeux vers d'ineffables clartés,
Qui se rejoint en abyme, âme écartelée.

XLV.

Pluralité

Le poème que personne ne comprendra.
Lourdeur de la tristesse en infime beauté.
Je me souviens souvent d'une intime clarté.
Le Père Brune aime un concerto de Ravel.
Que saint Maurice, abomination, m'ecorchât.
Et moi, je salue ses âmes jusqu'au ciel !

XLVI.

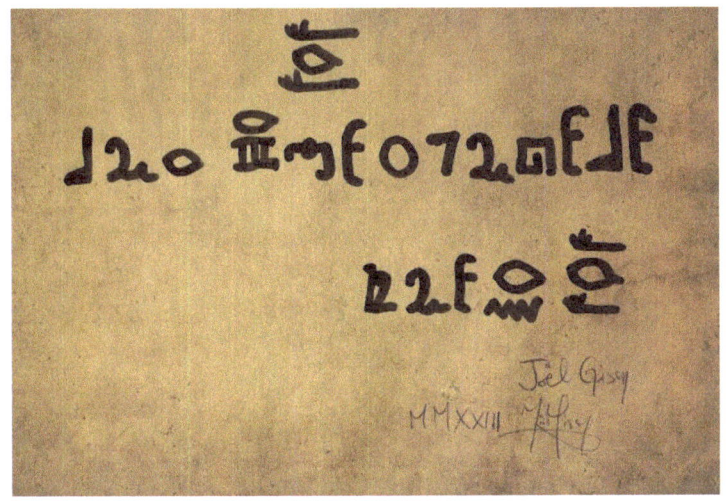

Poème en ancien égyptien hiératique

Ma Reine

J'ai soif du vin d'aimer ta gloire,
Ma reine, dans l'océan primordial.

XLVII.

Die Persönlichkeit

Les ascensions dégradent
La sombre vacuité.
Dans la continuité
Des formes qui s'évadent,
Dis-moi l'erreur qui tarde,
Des illusions du barde.
Mozart était un druide.
Le renouveau fluide,
En obscure clarté.

XLVIII.

Changelin

La mère étreignant une bûche aux longs cheveux
Croit tenir son enfant, fruit d'un échange affreux.
Les fées blotties au plus profond de la nature
Ont échangé leur étrange progéniture
Dont se faufilent les franges phosphorescentes.
Tortures conjurant d'atroces épouvantes,
Afin de secourir leur avorton mystère,
Surgissent quelquefois, les ombres de la terre.

XLIX.

Pandémonium phosphorescent

Yōkai, monstres très laids
Des anciens Japonais.

Maître Tengu, le rouge gardien des Monts,
Soumet le Garçon de la rivière aux démons.
Veille Akanamé, fond des canalisations.

L.

Passage parallèle

Je reçois enfin cette antique statue perse
Dont à travers le colis la lumière perce.
Après l'incantation des gestes rituels,
S'ouvre en son torse ainsi que des assauts charnels,
La porte houleuse des Enfers flamboyants
Tout animée de visages rougeoyants.

LI.

Salutation aux Nephilim

Ami de la Nébuleuse de la Tortue,
Le Serpentaire a porté le reptile antique.
Tel Héraklès, le symbole reconstitue
Entre les obélisques l'œil énigmatique.
L'Homme a le droit de passer la porte mystique
Où l'attend l'entité céleste entre sa vue.

LII.

Le Dipneuste

Pareil à Marie de Sabran,
Je me fais emmurer vivant.
Dans son tombeau, tel d'une goule,
Clarimonde au doux œil de braise,
Eveil des momies de *doukhoule,*
Tukdam du moine Itigilov.
Ou contrat du Père Lachaise,
Qui court encor pour un caveau
Dans le mausolée Demidoff,
Semblant un temple, ô renouveau !
Gratifiant l'amour qui saura,
Sans jamais voir la lumière,
Dormir près d'Alexandrovna
Durant toute une année entière.

LIII.

Le Cœur griffé

Le ventre béant de Moloch
Ainsi que d'un divin auroch
S'ouvre, porte en enfer d'airain,
Flamboyant vitrail égyptien.
Tournant le dos à des marées,
Des alpagas, sont inversées.
Au nord de l'antique Pérou,
L'Atlantique immola le roux.

LIV.

L'Odeur des bordels

Mouille et foutre mêlés au parfum du tabac,
La transpiration remonte, d'un ébat.
Et de vieux relents de champagne et de regrets
Vous restent dans le nez de ces matins secrets.

LV.

Secret réciproque

Mon adorable dort et me manque déjà.
Puis, elle me le dit au matin que voilà.
O baisers échangés sans vouloir éveiller
Par son étreinte frénétique l'être aimé.

LVI.

Ma jeunesse

Vous voulez tous briser les ailes de mon âme.
Ils ont tous réussi, car j'embrasse la flamme.

En rêve: Je vais m'écraser sur une étoile.
Quand les temps sont venus, Isis lève son voile.

LVII.

Génération

Pressons-nous le pas
Avant le trépas
De tous ces éclats
D'assembler, fracas,
Symboles éclats.

LVIII.

Angoisse littérale

Angst. C'est si la si lente agonie de la souffrance...
Secret des Anciens, silence de l'enfance.
Le Cauchemar pose son genou sur le torse,
Etranglement étouffant de sa griffe torse.
Le douceur que je ressens est inexprimable.
« Je déteste qu'on m'aime », a dit la plus aimable.

LIX.

Sérénité

Mon papillon de nuit ressemble à un pavot.
Des pétales de fleurs nues volettent sur l'eau.
O sommeils opiacés que son crâne illumine !
Les fées ont achevé le rêve où s'achemine
L'existence éphémère, enfin, qui se termine.

LX.

Johatsu

Au milieu de la forêt,
L'enfant, soudain, disparaît.
Evaporé dans la brume,
Johatsu, l'air se consume.

Des dinosaures, les cris.
Mignonne infime souris,
Notre ancêtre, si discret.

LXI.

Consultation bibliothécaire

Chemins de cerfs où nous pouvions nous enfoncer,
Dans la bourbe de faux souterrains pénétré,
Des tourbes se révèle une entrée onirique.
Le corps se décompose, momie akashique.

LXII.

Le Sarcophage de Rennes-le-Château

Découvert sous le seuil d'une église
au lieu-dit Roubichoux

Quatre déesses remontées de l'Océan
Primordial, avec des têtes de serpent,
Qu'entoure l'Ouroboros, marchent lentement
En inventant l'Univers, sur le sable ardent.
L'adorable Nounet, génie des profondeurs,
Tout en ondulant dans le noir, sèche ses pleurs.

LXIII.

Les Trovants

Dans les sylves roumaines, d'antiques trovants
Se meuvent, croissent, respirent, rochers vivants,
Et cicatrisent même en globe au fil du temps.
Curieux, parfois brisés par la main des méchants,
Ils semblent les cernes de chênes frissonnants.
Après la pluie, boursoufflés, naissent les enfants.
On dirait un peuple de champignons roulants,
Parmi les sentiers brumeux, entre les torrents.

LXIV.

Moments et lieux

Le sommeil biphasique est le meilleur endroit.
Hors du temps. C'est tout au cœur de la vérité.
De l'âme inachevée, périlleuse clarté !
Sur le fil de la lame, marchons toujours droit.

LXV.

L'Absinthe au laudanum

L'absinthe est bien plus froide avec du laudanum
Comme l'âme de l'homme qui se rafraîchit
Dans l'obscurité de l'opium, assombri.
Pour oublier la vie, c'est un sombre sérum.
S'ouvre la tombe où croissent les pavots glorieux
Qui nous mènent vers des accords si ténébreux !

LXVI.

Mimosa pudica

La princesse timide, effleurée par la main,
Ferme en un frisson de sinople ses dentelles.
Souplement, ondule un soupir parmi le fin
Et verdoyant repli des pudeurs de manzelles.
Dans le soleil où tremble sa thigmonastie,
Point de son joyau la constellation rosie.

LXVII.

Palabre

Dieu inconnu,
Accorde nous la folie orgueilleuse.
Connais-toi toi-même.
Idiot parmi les idiots.

LXVIII.

Hibiscus

Les Hommes-fleurs, Mentawaï,
N'ont pas besoin de mentir, ni
De stupéfaire, le déni
Est étranger à ce doux peuple.
Car la végétalisation
Est inutile à la passion.
Euplectes, OVNIs de Groepl,
Se tait, la réalisation.

LXIX.

Méditerranée occulte

Surgit, cryptide légendaire,
Un carcinus tentaculaire
L'oracle ignore son mystère.
Devrait-on rester sur la terre ?
Un physeter est plus banal
Que l'hybride paranormal,
Même un primate glacial.

LXX.

Créature cornue

Intime, est un coffret de synchronicité,
Un secret caché comme une boite à *dibuk*
Sur laquelle renaît en bas-relief un bouc.
Libérée de sa prison, luit l'obscurité.

LXXI.

Le Turnix mugissant

Tel un petit poulet sauvage
Qui gambadait sur l'herbe, enfin,
Je l'apprivoisai sous un pin,
Avec des biscuits au fromage.
Parfois, remontant le chemin,
Lissant son beige et brun plumage,
Il voletait un peu plus loin
En un sautillement chafouin.
Jour après jour, ma grosse caille,
Fallait-il, ainsi, qu'il s'en aille,
Que s'amuisse le cri puissant
De mon cher turnix rugissant.

LXXII.

L'inutile fou

Souffle ardent de Dieu, sous forme d'un arbre humain,
Asmodée, plein de colère, ouvrira soudain
Ses yeux noirs, clignant de chacun des cernes creux.

Se referme, interne éclosion,
L'écorce, oursin luxurieux.
La force de l'incantation
Correspond aux axes des cieux
Ou, paroles formées, le sont.

LXXIII.

Projection

La télékinésie peut tordre le destin.
Il suffit de se l'imaginer en dessin.
Et on pourrait ainsi pratiquer l'alchimie
Par les énergies d'une intime sympathie.
Et l'avenir va dans les deux sens, mais sans fin.

LXXIV.

Théorie du Djinn

La peur créée les démons.
Se révèlent leurs noms
Au moment du courage,
Où s'exprime leur rage.
Ce sont les passions,
Des astres le rouage.

LXXV.

La Profanation inversée

Je suis seul au milieu d'un océan obscur
Ou comme un forcené qui frappe contre un mur,
Un enterré vivant au fond de son cercueil.
Cependant que renâcle un invisible treuil,
Le damné sans yeux racle avec ses ongles courts
Vers les cieux obscurs heurtant ses gestes lourds.

LXXVI.

Nychtographie

Et tout finit toujours enfin par s'aggraver,
De mauvaise inquiétude en affreuses surprises.
Tous les spectres sont là, les photographies prises.
Et nous fermons les yeux, par notre lâcheté

Pour mieux les voir,
Tout dans le noir.

LXXVII.

Craquelure

Hiver de Vivaldi
Satanique saison,
Printemps des incompris.
Des chèvres la moisson.
Borborygme maudit
Des vampyrs amaigris.

LXXVIII.

Stridulation

Les Hommes-Fourmis qui sauvèrent les humains
Les emmenèrent vers les mondes souterrains.
Par les cataclysmes anciens de maints Déluges,
Nos ancêtres secrets trouvèrent des refuges.
O splendeurs cachées des gouffres et des abysses,
Vous êtes les échos de conjonctions propices !
S'abaissant comme les Archontes créateurs,
Descendirent leurs vibrations les géniteurs.

LXXIX.

Ce qui me fait vibrer

C'est un peu comme une nuit, périr, renaître.
Et toujours, il m'observe, encor, cet étrange être
De la structure du crâne de mon cerveau
Comme une braise en une lanterne arabesque,
Sur ses mûrs caverneux projetant une fresque.
Ménétrier de Thann, dentelles du ciseau.

LXXX.

Les Marins alsaciens

Près d'un vieux chemin de fer désaffecté,
Abords d'une rive très peu connue du Rhin,
Rigolant avec leurs casquettes de marin,
Ils ont fini par m'accueillir, étrangeté,
Entre Strasbourg et Kehl, une chope à la main.
Le long des canaux, rouillent des bateaux anciens.
Derrière le rideau, des marins alsaciens.

LXXXI.

La Gratitude

Me voici comme enfermé dans un sarcophage
Doré, battant des poings sur son affreux couvercle.
Prisonnier tel un sphinx en des siècles sans âge,
Des temps, pierre dans l'eau, se rétrécit le cercle.
Les mêmes mains, toujours, écrasent mon effort
Ainsi que la lourde porte d'un coffre-fort.
Combien d'ères, de cris, d'angoisse, avant, encor,
D'ouvrir les ailes pour les limbes de la mort !

LXXXII.

La Tradition muette

Teutatès joint les astres aux terrestres gestes,
Microcosme et secrets des mouvements célestes.
Coudée royale et vitesse de la lumière
Chez les druides, et même avant, sont dans la pierre,
Jusqu'à nous et les mesures qu'en fit Colbert.
Tant de traditions transmises en un éclair,
Ainsi que l'Abrasax des Basilidiens
Jusqu'à l'ordre des Pauvres Chevaliers chrétiens,
Figurations et nombre du cycle solaire,
Et même de la précession de la Terre.

LXXXIII.

Charme des circonstances

Ils pénétrèrent dans la sylve séculaire
Aux parfums verts de franges de mousse sapide
Comme, ondulant, les longs cheveux de la sylphide.
Les lueurs d'un petit ruisseau dans la clairière
Tremblaient tandis que sa main l'entraînait dans l'ombre
D'un sous-bois vaporisé de plus en plus sombre.
Par des sentiers de cerfs, entourés de murmures,
Des chênes s'animaient les noueuses figures.
Dans la pénombre, elle était jeune et magnifique.
Mais, dès qu'un rayon de lumière la touchait
Entre le feuillage, une tache révélait
Une horrible vieille au rictus maléfique.

LXXXIV.

A Clément

Pêcheur comme fut un marin du même nom,
La force de l'homme emplit ce petit garçon.
Avec ton ardent tempérament de guerrier,
Sur un fier destrier, je te vois chevalier.

Avance pas à pas ;
Sois clément, n'oublie pas.

LXXXV.

Le Dogme contourné

Fronton de l'église d'Arlesheim, en Delta,
Un triangle encadré semble un vitrail muré
Que l'œil du soleil illuminait de l'éclat
Du solstice que l'on croyait orienté.

LXXXVI.

Le reflet noyé

Dans les courants profonds, un vieil aulne s'abreuve.
Comme une onde, prend forme une sorte de corps
Voluptueux parmi les gonflements des flots,
Ondine dont les longs cheveux avec le fleuve,
Ondulent, tandis que dérivent les bois morts
Où se mêlent des temps anciens les sanglots.

LXXXVII.

Les Endroits

Souvent, je communique avec les étrangers,
Comme tous les humains qui ne le savent pas.
On se rend par erreur en des lieux oubliés.
L'âme des sentiments ignore le trépas.

LXXXVIII.

Simonie

Les formules ont fonctionné, le dogme, non.
Le nombre s'est ajusté, de chaque prénom.
La mouche évoque la décomposition,
Niant discrètement la résurrection.
Le caillou trouvé par terre est un talisman,
Entre ciel et monde, un invisible aimant.
Du sens est toujours vrai la forme d'un nuage,
Car la Spirale d'Or s'abyme d'âge en âge.

LXXXIX.

Sentiment de déjà-vu

Runes proto-cananéennes des Oettir
Kabbalistiques d'un Yggdrasil, ces chakras
S'ouvrent ainsi que des calendriers mayas
En mandalas qu'un cynorrhodon vient fleurir.
Guanche d'Atlantique, ou dans l'Ile des chiens,
Une âme sur sa terre à Madère, reviens.

XC.

Le Bougre

Chevauchant par la steppe où tout là-bas verdoie
La forêt dont la brume semble de la soie,
Bougre bulgare, a tranché la tête au passage,
Un guerrier. Il n'y avait presque pas de rage.

XCI.

L'Esprit perdu

On passe toute sa vie à souffrir,
Et après, sans souffler, ça continue.

L'âme est mise nue.
A quoi bon mourir ?

XCII.

La Crasue

A la nuit tombée, lentement,
Le crâne s'arrache en grinçant.
Poumons, intestins, déroulant,
La créature est libérée.
Avant l'aurore retournée,
A son corps, elle est rattachée.
La tête flotte en les rizières
Ou bien tout près des cimetières.
Devant chez nous, ronces barrières,
Afin que se prenne un boyau.
De sa langue, jusqu'au noyau,
Elle gobe l'enfant nouveau.
Rentrez votre linge à sa vue.
On la voit passer dans la rue,
De sang, l'insatiable crasue.

XCIII.

Béhémoth

J'ai rêvé d'un éléphant cruel
Remonté d'un inverse ciel.
De Ganesh faux jumeau bestial,
Il attend pour le banquet final,
Des chiffres renversement nuptial,
Tel un puissant rorqual de la mer
Surgi, sombre et abyssal enfer,
Qui songe auprès de Léviathan,
Où trône le Dragon, méditant.

XCIV.

Les deux Esprits

Le Prince ténébreux a puni les méchants,
Hébraïsation des zoroastriens savants.
Comme en l'église primitive de Sicile
Où l'on voit une mosaïque éosphorienne,
Dont l'Empereur guide le troupeau imbécile,
Drapé de pourpre ainsi qu'un ange flamboyant.
A la gauche, en robe bleue nuit, discrètement,
Du Père, au flambeau, Vénus déteste la haine.

XCV.

L'Œuvre solaire

A la première étoile du soir de Mercure,
Sous les auspices de Mars, les astres revivent.
Et l'âme, en soi-même, du grand Tout, se figure
Comme un reflet sur l'océan primordial
Que les Egyptiens connaissaient, plongeon natal.
Tel un dragon monté d'un enfer aquatique,
Posant sa patte griffue sur le sol mythique,
Alors, les roux reflets du Lion se ravivent.

XCVI.

Le Prêtre impie

A Ir-Mèlah, Seigneur,
La Ville du Sel, sœur,
-L'Ange a ployé son aile
Avec un œil complice.-
Le Maître de Justice
Conduit le fidèle
Vers la voie de son cœur.

XCVII.

Le Bonhomme de neige

Et je fondrai en larmes dans la neige.
Car mes pleurs couleront, tel un arpège.

XCVIII.

Onction divine

La mort de sainte Olga
Qui fut tortionnaire.
Vivants tous mis en terre,
Et ne précisons pas.
Son corps se conserva.

XCIX.

Intuition

Les formes sinueuses
Au fond des pierres creuses,
Voies en dolmens, coudées
Comme un petit tunnel,
Nombre d'Or, ouït sa voix.
Grotte de coquillages
Aux parois incrustées.
L'huis à l'angle se voit.
De brumeux paysages,
Auvergne, Ecosse, au ciel,
Allient, voûtes astrées
Celtes virant d'Egypte,
Les caveaux oniriques ;
Préhistorique crypte,
Songent, temples druidiques.

C.

Icauna

Une nuit argentée par la lune gibbeuse,
Au bord du lac mirant une sublime vouivre,
Dans ma mélancolie, je me sentis revivre.
Je ramassai sur le bord sa pierre précieuse,
Que je lui dérobai. Puis revins chaque soir,
Par les cris lacustres, tâtonnant dans le noir.
Quelquefois, la voyant marcher le long du fleuve,
Dans un manteau de sang, pâle et majestueuse,
J'éprouvais les regrets dont mon âme s'abreuve.
Enfin, pris de remords, je la lançai dans l'eau,
Admirant ce dragon, d'un ultime sanglot.

CI.

Hurlement

Gnome mis en charrette, a juré sur sa tête,
Le nécromancien se penchant sur sa bête.
D'un coup d'épée soudain, le sang comme une crête
Gicle alentour. Fini. Tous reprennent la fête.

CII.

Ne pas naître trop tard

Poème en prose

Quand je regardais une femme, elle se sentait flattée ;
On me disait que ma pipe sentait bon.
Pour digérer, je savourais un digestif.
J'allais au parc pour prendre l'air avec mon chien.
Les enfants disaient : « pardon monsieur ».
Automnes pluvieux, mais je suis un vieux con.

CIII.

Lever de solstice

Le crépuscule du matin orangeoyait
Sur la Tour des Cigognes où il n'y en a plus.
On habite les remparts, vestiges perdus.
En arrière-plan, une flèche gothique
Flamboie, telle une pierre précieuse et magique
Dont les rayons se répercutent en secret,
Dans leur intimité, ainsi qu'une musique.

CIV.

La Pipe de changa

Le chamane illuminé, fumant la changa
Dans sa pipe ardant fort comme un tunnel de braise,
Voit des formes de géométries au-delà.
Un enchevêtrement combiné de spirales
Qui meuvent lentement les couleurs de fractales.
Sur son corps tremblant dont il fuit, le néant pèse.
Plus rien, de son karma, jamais il ne s'apaise.

CV.

Culte sélénique

Lune décroissante aux iris tordus,
L'Aphrodite callipyge a pissé.
Elle était tout en bas de l'escalier.
Son corps nu regardait des yeux cornus.

CVI.

Les Menaces

Gémissent en conversations pathétiques,
Les allées mortes douées de leurs vies psychiques.
Parmi les stèles moussues, la brume remue.
Pétrifiée, l'agonie se révèle si crue.

CVII.

L'Œil du Fronton

Respirant la synchronicité du faucon,
S'exprime en bourdonnements unifiés le son,
Comme un blanc, bruit mêlant ses couleurs en un ton.
Ainsi qu'un crescendo dont s'emplit la vision,
La somme des passions en s'élevant se fond.
Dédoublement druidique, où sonne à l'unisson,
Face au soleil vibrant tel un sombre basson,
L'incantation lucide éclose en haut du front.

CVIII.

L'Homme naturel

Ayant toujours tété les chèvres, en phrygien,
L'enfant muet séquestré demanda du pain.
L'humain sauvage s'éveille, légèrement
Ebloui par des feuillages le demi-jour.
Soudain, comme enthousiasmé, ventre à terre, il court.
Mais son visage sans expression, brusquement,
Se contracte en un rictus de loup prêt à mordre,
Du pharaon Psammétique idéal mystère.
En grognant, il chasse un corbeau à la lisière
Et, goulûment, la charogne se met à tordre.

CIX.

Hymne à Barbelô

L'Ange gardien, plutôt qu'un marionnettiste,
Est notre narrateur, tel un divin pianiste.
Les accords des réalités sont discordants.
L'Harmonie ondoie ses arpèges fluctuants.

CX.

Liturgie

Les hymnes mayas qui ouvrent nos esprits,
Nous ne le savons pas, car les mots sont écrits.
Le troisième œil ensommeillé cligne à demi.
L'enfant vêtu de cendre, tel un Aghori
Qui mange un corps à moitié brûlé dans un crâne,
Ivre de son désir, en rêve, va descendre
Dans les catacombes d'Udaipur qu'il profane.
Bibliothèque akashique en dessous du Sphinx,
En infrabasse, un chaman vrombit du larynx.

CXI.

Selon Pierre et Thalès

Quand du fond de la mer, il se relèvera,
Et de son trône englouti, se réveillera.
D'un sommeil vindicatif, il fut le gardien,
S'il but en gloussant l'eau d'un Plérôme malsain.

CXII.

La Nef

Musique et danse astrale en plasticien transept
Unissent la passion, mimétique concept.
L'œil ourlé se retourne, envers de ses croisées.
Mues, les voussures rosacées d'humidités
Vaporisent, ébrûlées, s'écriant, arrosées,
Se taisent, si lentement par l'œil écoutée.
Parmi les obscurs lacs des sinistres clartés,
La rosace flamboie, des nouveaux jours frappée.
Se renverse l'étoile, au matin irisée.

CXIII.

La Sincérité

Une épée sanguinaire est au bout de mon bras,
Comme un prolongement d'un si soudain fracas.
Il est trop tard, le crâne a brisé sa dentelle.
Un coup puissant a dessiné la fontanelle.
Le creux os explosa, tel un œuf écrasé.
Il a, sans doute, vu la divine clarté.

CXIV.

Merica

La barque échoua d'un esquif si sophistiqué,
Sur la côte mythique, iceberg fracassé.
Iddan Hermund, comme un dragon, y arriva,
En des temps anciens, dans une chaude crique.
Un géant vint, tel Saint Brendan qui accosta,

Contrée de la splendeur mystique,
Au délicieux pays du vin,
Dont -l'a dit un Sumérien-,
Les pierres précieuses scintillent
Où les sens aux pôles vacillent.

CXV.

Transcendance

O vénéneux phyltre ! avec passion,
Les amoureux fous s'étaient condamnés
A l'errance éternelle, entrelacés.
Détournant la douce malédiction,
Par le plus doux des liens enchaînés,
Les deux amants pour les éternités
De l'éther avaient risqué le plongeon,
Vers le Plérôme empli de voluptés
Du néant secret de l'illusion.

CXVI.

L'Ile sauvage

Penser avec le cœur n'est pas le troisième œil.

C'est un élan
Du sentiment.

Frappe, écumant l'amour, l'irrésistible écueil.

Les Egyptiens,
Dans ces liens,

Avaient vu l'organisme, inaudible cercueil.
L'humanoïde n'est ainsi constitué

Que pour aimer.

CXVII.

Attitude

Se mouvant, telle une antique orque,
Au col royal, garni d'un torque,
Un crocodile de Sobek,
Orné de bijoux, d'un coup sec,
Se tait de civilisations.
Sablonneuses réptations
D'un cha-cha-cha lovecraftien,
Se dandine un dandy mondain.

CXVIII.

Trivium Trismesgistum

Caducée d'un Ouroboros bouclé,
En lemniscate en trois fois refermé,
Luit la lumière en perpétuelle
Expansion. La division charnelle,
Phosphorescente matérialité,
Exprime sa multiple unicité.
Ainsi qu'un arbre en réseau concentrique,
S'exprime une introspection mimétique,
Ou l'infini reflet des gouttes d'eau
D'yeux dont l'écho mire le sanglot.

CXIX.

Hurlement lophiiforme

Se traînant comme un antennaire,
Qui marche à pas lourds sur le sable,
Se mouvant sous la mer instable,
Ondoie la si proche clarté.
On dirait une autre atmosphère,
Poisson qui ne sait pas nager.

CXX.

Ophrys

L'orchidée humaine assemble un mirage
De guêpe où s'inconscientise un visage.
Gremlin arachnoïde ouvrant ses crêtes
En tricorne, abattant ses ailes prêtes,
Décollant de sa jupe d'écorchettes,
Semblerait une crasue qui s'apprête
Pour le sacrifice enfantin de fête,
Injectant ses nervures violacées
Jaillie de doigts de duègnes crispées,
Tel un archétype des mauvais anges,
Dentelées de cicatrices oranges.
Pleurent des fleurs semblant des nourrissons,
Dans les berceaux de Vénus à toisons.

CXXI.

Hérédité

Une lourde flèche de fer
Transperce en étincelant l'air,
Ire en le fracas d'un éclair.
Le sang de tribus, millénaire,
Devint endémique à la guerre ;
S'est mêlé, ténébreux mystère.
Les Suèves, puis Alamans,
Les Huns, les Celtes, les brigands,
Sont tous de carnages friands.

CXXII.

Meshru nofer

Serpent obscur entourant une barque,
Si lumineuse tant sa lueur s'arque,
La Spirale d'Or de l'Ouroboros
Encercle de son ordre le Cosmos.
Tel un jeu d'échecs en cycle infini,
Ousir chemine en soi vers l'Amenti.

CXXIII.

Le Cri s'étouffe

Flottant, tel un nénuphar amphibie,
L'âme affleurant se prélasse, alanguie.
Hermetisme en son reflet, infléchie,
Se tordent les options de la vie.
Une âme surprise enfin, soudain, crie.
Hurle un soupir divin qui s'atrophie.

CXXIV.

Reptation

Les Crores s'ajustant comme une horloge tôt
S'alignent à la seconde infinie d'un croc.
Sacrifice inconnu de Mohenjo Daro,
Le calendrier tourne en spirale incomplète.
L'alignement des synchronicités s'arrête.

CXXV.

Danièle

Idole avec béret,
Madame Darieux.
Le lion, transparaît,
Le regards de cieux.
Ta clope au bec m'empêche
De t'embrasser, revêche.

CXXVI.

Permission

La matière n'est pas.
"El gran sagrilegio."
Tout en surface est faux,
Des instincts animaux.
S'imagine un trépas.

CXXVII.

Méditation

Tout seul, sur sa petite île, au milieu du Nil,
Plus loin qu'un tukdam dans sa chambre encor vivant,
Voyage Ban'bdjedet, alentour, en rêvant.
Trépigne l'Apis, enfermé dans un toril.
Voici la fin de l'Homme où commence sa vie.
L'Envie ainsi qu'une hydre en fleurs s'arborifie.

CXXVIII.

La femme improbable
ichigo itchie unique
et un petit thé

CXXIX.
Sympathie

D'un tube à moitié transparent,
Un élu de la Kalmoukie
À pénétré de son vivant.
Comment est-il encore en vie ?
L'ami des sens, intelligent,
Avait retenu son serment.
Avec un regard malicieux,
Il avait transpercé les cieux.

CXXX.

Mignon cerisier
le samouraï est blessé
un été trop chaud

CXXXI.

Herméneutique

Merci à 3,14R

Odeur de chemises de nuit
Poisseuses et de thé ranci
Dans un hôpital délabré.
Sous d'un clair jardin ombragé,
Les tilleuls font médicament.
La jeune fille, effrontément,
Se roule dans sa couverture,
Sous prétexte de la Nature.

CXXXII.

Pour lancer la malédiction

Rampant sur ses longs ongles accrochés,
Semblant de grinçants poignards écorchés,
Se traîne en robe une triste écolière.
C'est Kashima Reiko qui me l'a dit.
Le yokai retourne un regard maudit.
La mue se crispe, odieuse manière,
Comme un exosquelette mammifère.
A d'horribles souvenirs arrachés,
Repte une inconnue, fuyant la lumière.

CXXXIII.

Autre forme

Esorath, Astaroth, Ishtar,
Sous le masque d'une enfant pure,
Révèle, improbable nature,
Son indivisible rupture.

S'enflamme en linceul pourpre l'avatar.

Petite fille aux yeux sanglants,

L'Anima vomit ses sanglots tremblants.

CXXXIV.

L'Intelligence de la Beauté

T'embrassant dans mes bras vides, mais la distance
Accroît le lien de cette étreinte. O discordance
De ce Chaos-temps. L'attraction métaphysique
N'est plus qu'une intime expansion mimétique.
Si fort, au delà de notre espace infini
Que nos corps se fondraient comme en un seul esprit.

CXXXV.

Rien n'est dit

Dorothy Eady, ou bien plutôt Om Sethi
Revint, tel Elie, jusqu'au temple d'Abydos.
Hatchepsout se souvient aussi de Cnossos.
D'un secret amour se révèle la nuit.

CXXXVI.

Tout est vrai

La pensée semble éclore
Tout au fond de l'abîme,
D'une rose sublime,
Expansion chténophore.
D'yantras, centre intime,
Passion noctivore ?

CXXXVII.

Forme humaine

Apparition tardive de saint Epiphane
De Salamine, naît l'instinct artotyrite.
La rose du chien, en s'inversant, se fane.
Guidant les âmes, meurt la chouette troglodyte.

CXXXVIII.

Cœur de saphir

Incarnation de la perle la plus pure,
Signification d'une aérienne nature,
Alix verse un regard plus gracieux que les nuits.
En de lointains soupirs, si souvent, je m'enfuis,
Inspiré par des souvenirs mystérieux,
Mon âme papillonne, ample métamorphose.
A ses vers, je revois des pays silencieux
Qui semblent dans mon âme une métempsycose !

CXXXIX.

Involution vivante

Si la symphonie des forêts,
Des racines, accords secrets
Des arbres, résonne en reflets,
Tels de neurones les attraits
D'un amour en les rocs muets
Vibrent en basson mimétique.
Langage étrange et tellurique,
Des vieux champignons la musique
Répond aux petits, magnétique,
Échange bioélectrique.

CXL.

L'Etreinte du Guerrier

Quand fleurit le silence, au mois d'avril,
S'achève un ancien rituel viril.
C'est alors que l'âme sort de l'exil.
Les larmes d'or sont ainsi qu'un courage
Dont le singe a distillé le breuvage
Et que le sage exprime dans sa rage.
Embrassé, l'enfant retient un sanglot.
En rêvant, la patience ne dit mot.
L'existence n'est qu'un nakizumō.

CXLI.

Phénomène

J'ai ouvert l'une de mes mains
En lui disant, mon ami, viens.
Le papillon momifié,
Vivant, a soudain voleté.
Il s'est posé sur mon épaule,
Puis sur ma tête, - c'était drôle ! -
Ensuite, il s'est envolé.

CXLII.

Silbo

À l'arrière, s'ouvre notre autre œil,
Sifflement d'un langage de Kuşköy.
"Je ne suis qu'un aveugle qui sait voir,
Racorni par son abrutissement.",
Se tait l'ébloui des jours, dans le noir.
Vers soi, se regarde, en miroir, l'instant.

CXLIII.

Comme une Okiku
l'ancien yōkai Kasané
s'est tordu le cou

CXLIV.

Diablotin aquatique

Dans la mer de Kyūshū,

Garappa
S'agrippa

Comme un monstre, si chou.

Attrapa
Le filou.

CXLV.

Virtus

Intelligence génère
La Curiosité, mère
De Connaissance où s'enfante
La Liberté triomphante.

CXLVI.

Derrière la vitre

J'ai vu un gorille enfermé,
Sur ses cuisses un bras posé,
Tel un vieux sage résigné.
Le noble singe à l'œil baissé,
Musculature hypertrophiée,
Faisait songer à un guerrier
Par l'oisiveté fatigué.
Puis, tout à coup, il s'est levé,
Regardant sa femme allongée,
De coups de poing l'a massacrée.

CXLVII.

Les Momies hurlantes

La princesse agonisante,
Meret Amun, hurle encore
Auprès de Pentawere.

Trimillénaire épouvante,
La jeune endormie s'éplore.
Tel un sommeil tourmenté,

La peau de mouton gênante
Semble se retourner, aure
Du coupable empoisonné.

CXLVIII.

Le Verbe neuf

L'iod du détail est le cran de la roue
Des Crores s'animant, mécanisme réel.
Le Monde, s'abaissant ainsi qu'un lourd ciel,
D'un Chaos immonde remonte en vapeur floue.

Dans l'onde, se confond
Le reflet du Lion
Le criant de sa bouche.
Quand se pose une mouche.

CXLIX.

Le revers du sabre

Mélopée d'une rigueur cinétique,
Sagesse apollonienne classique,
Partant de travers, le regard oblique.
C'est autre chose, une goutte est tombée
Sur les eaux de la mer, décomposée.

CL.

Mon complice

"La vie est une ordure",
Telle une plaie qui dure.
C'est un petit garçon
De sept ans qui l'a dit,
Aphorisme interdit,
A l'âge de raison.

CLI.

Décollation

Je me sens comme une *crasue*
Dont l'imagination perdue
Vagabonde, à peine attachée.
Voyage, en songe, la pensée.
Extirpation borborite,
L'esprit, tel un faucon lévite.

CLII.

Cosmogonie d'airain

Cône astral d'or fin d'un champ d'urnes,
Sonnent les prophéties diurnes.
Coiffe inspiratrice d'un mage,
Kaléidoscope en image,
Se superpose un canevas
Coloré de ses entrelacs.
D'unique blancheur éblouie,
S'effeuille une extase infinie.

CLIII.

Amon Agnostos

Dieux à la chair d'or vert,
Ainsi qu'Ousir, le Roi,
René dans son Enfer,
Rose, est dépliée la Croix.
Dans la crux du creuset
Cruciforme, en secret,
Se reforme, ardemment,
L'inconnu sacrement.

CLIV.

Quintil gnostique

Laissez-nous donc ! Fidèles,
Isis et Osiris,
Des Saints Anges les ailes
Multiples sont l'iris
Des superpositions.
Circulent les passions.

CLV.

Le Bukkake spirituel

Ça y est, sont reparties
En guerre, les momies.
Giclent leur fiel, frétilles,
Des hordes de zombies.
Heureusement, ces foules
Se mordent, comme saoules,
A leurs propres chevilles,
En vieilles gentilles.

CLVI.

Protogonos

Fils lumineux de la Nuit primordiale,
Phanès, émanation ophidienne,
Eclot en scindant son œuf hermétique
Où résonne l'écho, chimie nuptiale,
Du ciel et de la dimension chthonienne.
Mûrissant, correspondance spatiale,
Se répond, clos, le Cosmos mimétique.
Erikèpaîos, forme animale,
Insuffle en semence antédiluvienne
Le Chaos, sagesse cataclysmique.

CLVII.

L'Hymne des Corbeaux

N'oublie pas Hugin et Mumin, épiques,
Survolant les champs de bataille antiques.
Benoît de Murcie, son gentil corbeau,
Un vrai symbole de fidélité.
Et parfois, ils s'offraient quelque cadeau,
En marque de sincère amitié.
Et si cette indéfectible mémoire
Nous berce de légendes qu'il faut croire,
Toujours, tant fidèle, un Américain
Avait su former un féal essaim.
Les oiseaux lâchaient des noix et des pierres
Sur la tête de leur ennemi. Fières,
Se sont révoltées les sombres légions
De ses amis venus, criant leurs noms,
Le ciel était plein d'un carnage rouge.
A sa suite, ils entrèrent dans le bouge.
Le chef des charognards, le regard digne,
Pour prouver son honneur, lui fit un signe.

CLVIII.

Le Serpopard

Serpente au milieu du désert, le lion de terre.
Capturé plus de trois mille ans avant notre ère,
Enchaîné par le roi Narmer, fils de Scorpion,
On le connaissait jusqu'en Mésopotamie.
Du fauve indompté, luxuriante tyrannie,
L'ire unie s'est apaisée au Fleuve fécond.
Sous son moudhif, est née la dynastie thinite.
Le cobra, tel un ouroboros qui s'évite,
Triomphe au soleil de l'œil du hiéracosphinx,
Réanimant le Tout de son air de syrinx.
Le calame de Thot a tracé son empreinte
Au fruit de l'arbre Ished, ophidienne étreinte.

CLIX.

Hajikkaki

Le kaki pourri
Se change en petit
Bonze rabougri.
Visqueux yokai,
Chante Hajikkaki,
De honte nourri.
Et, d'un faible cri,
Sourit en repli.

CLX.

Réaction

S'entrelace un corps de sirène,
A mort, d'amour anadyomène,
Dispute Aristippe à Cyrène.
Remonte un bulbe de sulfure.
Le charme aphrodisiaque entraîne,
Vers les profondeurs, gloire obscure,
Les ténèbres bleutées, nature.

CLXI.

Dédoublement

J'ai vu deux courts traits lumineux.
Ainsi qu'une étoile filante.
Ont surgi ces objets curieux.
Se tait la planète vivante.
Des astres chthonienne conscience
Illuminée par la sapience.

CLXII.

Les Amis

La compassion est humaine,
De même que la cruauté.
La souffrance les indiffère.
Pareil pour les pulsions de haine.
Mais la ténébreuse clarté
De leurs grands yeux pleins de mystère
Jamais insensible à la peine.
Et la structurelle beauté
N'est pas inconnue de leur sphère.

CLXIII.

D'r Dideltòpp

Cryptide alsacien

Claudiquant, tel un dideltòpp,
L'humain retourne sur ses pas.
Et trébuche vers le trépas,
Titubant d'un réconfort. Top-
Là ! Ramasse, hybride cornu,
Ton écu, séquane dahu.

CLXIV.

Chef !

Grand guerrier, Bertrandon de la Broquière,
A Istanbul, il y a quatre siècles,
Explorateur, du kebab fut le père.
Légende urbaine aux âges, tu t'épècles.

CLXV.

Les Quatre Cordes

Sous le nom secret d'Althotas,
L'alchimiste chevalier
Se montra tant hospitalier.
Philosophe, or Micromégas
Sur son astre vert d'émeraude
Souleva le voile étoilé
De la Déesse en pierre chaude,
Semblant un ventre de sitar.
Hermès Trismégiste, en son art,
Gravait la légende trop tard.

CLXVI.

Usure

Petit individu chanceux,
Sont élus de Lucifer ceux,
Vénusiens, les fils du cri,
Buvant le sang d'enfant *zouhri*.
Les préliminaires sont creux.
Malédiction du fils béni.
Le génie flamboyant sourit
D'un rictus aux plaisirs affreux.

CLXVII.

निरन्तरान्धकारित-दिगन्तर-कन्दलदमन्द-सुधारस-बिन्दु-सान्द्रतर-घनाघन-
वृन्द-सन्देहकर-स्यन्दमान-मकरन्द-बिन्दु-बन्धुरतर-माकन्द-तरु-कुल-तल्प-
कल्प-मृदुल-सिकता-जाल-जटिल-मूल-तल-मरुवक-मिलदलघु-लघु-लय-
कलित-रमणीय-पानीय-शालिका-बालिका-करार-विन्द-गलन्तिका-गलदेला-
लवङ्ग-पाटल-घनसार-कस्तूरिकातिसौरभ-मेदुर-लघुतर-मधुर-शीतलतर-
सलिलधारा-निराकरिष्णु-तदीय-विमल-विलोचन-मयूख-रेखापसारित-
पिपासायास-पथिक-लोकान्

La cité toujours assombrie,
Semble poindre, lotus lointain,
Nectar d'une danse transie.
Les douceurs de ce philtre amer !
Couche en un arbre trop malsain,
Enraciné dans le désert
Par une dentelle infinie,
Le rythme se démultiplie.

CLXVIII.

Nunquam

Semblant médusé, le hiérophante,
Tremblant soudain, regarde par la fente
Secrète au fond de l'ancienne chapelle.
Telle une Arche, des bergers d'Arcadie
Ont contemplé cette antique coupelle,
Comme un Graal, une hypostase chérie.
Car, citant, l'avait dit saint Matthieu,
Ne les jetez pas devant leurs yeux.

CLXIX.

Les Reniements

Voici l'heure amoureuse de l'affront !
Baudelaire et Jeannette avaient raison.
Le cœur crevé du poète ressemble
À une fontaine de sang qui tremble
Tout silencieusement. "Y a marre !"
Avait dit le vieux grenadier
Qu'un divin charretier avait chanté,
Ainsi qu'un ancien bateau qui s'amarre.

CLXX.

Le Furtif

Le mensonge est un vieux ceratothoa,
Tel un crabe accroché sur la langue sans faim.
C'est comme un poisson dans un phallus, mais si fin.
La Mer Nature nous inspire son aura.

CLXXI.

Sans vie

Il faut que cela se termine vite.
Je veux plonger dans le vide néant.
Plus rien, le noir, un limpide océan.
De Tristan se doit accomplir le mythe.
Empli d'une nostalgie élamite,
Je retourne chez Assurbanipal.
Plus rien à part le gouffre béant.
Est venu le triste moment fatal,
La grande harmonie de l'oubli total.

CLXXII.

Racourci

Dendérah oubliant le Serpentaire,
Des proportions, prophétique mystère.
S'ouvre une rétrospective lumière.
Se rue la foule d'âmes affamées,
Par le chemin d'existences ratées,
Vers les éternités de ces contrées.

CLXXIII.

L'été Musashi
calligraphe des deux sabres
pouvait rendre glabre

CLXXIV.

Altérité

Dans la presqu'île au cœur de Malacca,
Dits hommes des forêts, les habitants
S'appellent eux-mêmes orang-outangs.
Du fond des sylves de Malaysia,
Vivent d'étranges humains orangés,
Trop singes pour être civilisés
Car épris d'une mutité si sage
Qu'affleure un énigmatique langage.

CLXXV.

Optimisme matinal

Sourire horrible grimacé,
Se maquille un clown effacé.
De par ses larmes recréée,
Meurt la sculpture frissonnée.
Le démon s'amuse à tracer
Une griffure entrelacée.

CLXXVI.

Les Oublis

Encéphalopathie des cervidés,
Pourrit vivant le fantasme zombie.
Derrière un miroir d'oubles, vanités,
Un fantôme contre la vitre crie.
Animation de ces cerveaux vidés,
Une envie rampe, inanimée, sans vie.

CLXXVII.

Témoignage

Ils n'avaient pas peur de vous,
De même force que nous.
Ils venaient dans le village,
Faisant un simple passage,
À souples mouvements points
Amortis par leurs gros poings.
C'est l'histoire des amis,
Les gorilles sont assis.

CLXXVIII.

Eveil nocturne

La branche qui tape contre la vitre
Semble une atroce synchronicité.
De l'embrasure, en même obscurité,
Se tient le mime affreux qui fait le pitre.

CLXXIX.

Légende vivante

Par votre beauté
Tant bouleversé,
Portrait nostalgique.
C'est un rêve unique.
Inique clarté.

CLXXX.

La Cueva de los Tayos

Du fond d'une caverne antérieure aux Shuars,
Par les détours méconnus de curieux lézards,
Se révèle une bibliothèque ignorée.
Aux flambeaux des explorateurs en onde ignée,
S'alignent, d'or et de cristal, des milliers
De tablettes en tout petits coins martelés,
Incrustés d'un message numérologique.
Le wawekratin souffle une flèche éthérique.

CLXXXI.

Sentiment aux Lionnes

Le vie, macabre frisson d'un salon d'attente,
Semble une vanité d'antichambre élégante.
Quelquefois, sous sa jupe, une avorteuse enfante.
Les dandys, claquant de leur mâchoire édentée,
Hument, l'air entendu, l'atmosphère opiacée
Qui s'épand en leur cerveau comme une buée.
S'effrite en poussière un plastron frelaté,
Tel un bijou de cotillons vaporisé.
Tendre illusion, se tait le nocturne baiser.

CLXXXII.

Le Serpent sphérique

D'un infime supplément qu'est l'unique,
L'Univers en abyme se complique.
L'individualité se contemple
Comme un œil en son centre, mais plus ample,
Répercute en soi sa géométrie
Dont tout regard crypte la guématrie.
Infinité de ce Nombre autogène,
La Nature implose et, semblant d'azur,
Calculée jusqu'au ciel le plus pur,
Même en structure anguleuse homogène.

CLXXXIII.

Prédation

Comme un crocodile entend un enfant pleurer,
Et se réjouit son appétit, l'humanité
-Car le reptile, eh oui! n'est pas un cétacé.-
Vers les petits retourne sa perversité.
Tantale, arrogant, répudie sa volupté.
L'hybride amoindri retourne sa cruauté
Masturbant sa conscience en culpabilité.

CLXXXIV.

Infinalité

Filtre à travers les fleurs la lumière.
La liberté de l'ordre richesse est.
Les idéogrammes, par ricochet,
Idéalisent, créant la matière.
A la pommette, fierté d'une narbe,
Appauvrissement par inanité.
Un Sarrasin Rodlantz tirat la barbe !
Enfin, si vis bellum para pace.

CLXXXV
.

Engouement cétacé

Un saumon mort comme coiffure,
Se promène l'orque orgueilleuse.
Semblant à la dernière mode,
Se pavane avec fière allure,

Lentement rode,
La créature
De mort porteuse.

CLXXXVI.

Bébé

C'était un nain
Alsacien
Vraiment très bête
Et si méchant.
Posant sa canne,
Il fit le piètre.
Le jeu s'y prête,
Vieux jaune enfant.
L'esprit chicane,
On hésita...
Mais, idiot,
Jetant un chiot
Par la fenêtre,
Il ricana.

CLXXXVII.

Pile ou face

Au milieu d'un immense champ de ruines,
L'idiot reste debout dans les bruines.
Lentement,
Se meut soudainement
Le revers infini du croissant.

CLXXXVIII.

Hurlement serein

La Déesse doit naître Ousir.
Et, Maîtresse du Château, pleure
Au seuil du labyrinthe clos.
Respire la joie de languir,
Avant que la graine ne meure,
Le pharaon sous les roseaux.
Dans l'encoignure, en un soupir,
Grince, lucifuge demeure,
L'énigmatique, sous les eaux.

CLXXXIX.

Psychologie

Il se frotte les mains à une heure onze,
Moment où s'ouvre la porte de bronze.
Gire en vantail la conscience d'un bonze.
Se remire en soi la science absconse.
Ainsi qu'un coup de couteau dans la lonze !

CXC.

Les Recoins

Mon crâne aux yeux luisants de Halloween,
Durlìbs, ricane, odieuse betterave,
Au passage inconnu. Tel un vieux Djinn
Derrière un buisson, soupirail de cave,
Rumine ainsi qu'un chaudron bouillonnant
Ses ruses, un Faune fou revenant.

CXCI.

Ophisme

Des règnes antémémoriaux,
L'ibis trace les Noms avec
Le calame de son long bec.
D'Anciens à tête d'animaux,
S'achève son trait d'un coup sec,
Le talisman évocateur
Formant, tel un mirant télesme,
Cosmos où, serpent d'un Saint Chrême,
De l'œuf se scinde l'équateur.

CXCII.

Bocca della Terrore

Entre une muraille où la nature a repris
Les droits de sa sauvage extase vénérée,
S'ouvre l'antre égaré des sylvestres esprits,
Temple inconnu d'un sous-bois étrusque. Oubliée,
De la matrice ignée d'une caverne antique,
Ressurgit une immémoriale panique.
En montant par les marches dévorées de lierre,
Par la bouche écartelée d'un masque tragique,
On aperçoit un petit autel de pierre.

CXCIII.

Tiankeng

Gouffre céleste

Décantation d'un fin réseau de brume,
La forêt souterraine du Guangxi,
Karst de la méridionale Chine,
Se déploie, telle une vaste doline.
Soudain, comme un effleurement de plume
Frissonne par un rayon ébloui.
Monde intemporel d'un écrin rupestre,
Se rêve une clairière extraterrestre.
Entre les lacs d'arbustes biscornus,
Volettent des insectes inconnus.

CXCIV.

Sigil vaudou

L'étreinte amoureuse enlacée de Damballa
Se referme, suave et langoureux boa.
Apprivoisé par le loa comme un cheval,
D'un élancement sensuel, danse le choual,
Semblant précipité dans sa lumière blanche.
Le serpent d'airain de Baal veille sur sa branche.

CXCV.

Chouetton

Petit potoo voleur des âmes,
Hibou spectral d'Amazonie,
Sur un tronc fendu se fondant,

Aspirant l'esprit par le nez,
Gloussant de sa moelle sucé,
De l'endormi paralysé.

Tremblants fantômes dans les flammes
Des marais de l'Alémanie,
Et s'enfuit la chouette en rêvant

Par l'indiscrète obscurité
D'une secrète cavité
Happant un souffle épouvanté.

CXCVI.

Le Chant de l'Eau

Géométrie de la matière aquatique,
Se cristallise le verbe en émotions.
Réseau de démultiplication mimétique,
Fleurissent les exponentielles passions
Dont la vivante structure, yantra, se complique.
Mais l'hexagone étoilé d'un flocon liquide
Semble battre ainsi qu'un organisme limpide.
Harmonie de démultiplication fractale,
Se recompose à l'infini comme un message
La nostalgie sublimée d'éternels remords.
Car, ainsi s'infiltrant, la source primordiale,
Insinuée de tout organisme propage,
Tel un écho, sa résonance par les corps.

CXCVII.

Mami Wata

Le cheval du fleuve, en souplesse,
Comme un ventre de la déesse,
De son bulbe pensu renverse
La barque instable où, pensif, perce
Un regard fendu globuleux.
Ténébreuse et douce caresse,
Sublime, ondoie dans ses cheveux
Un serpentement langoureux.

CXCVIII.

Réorganisme

Je ne serai plus jamais sage,
Tel un démiurge sans image.
A l'inverse mire un sapient
Dans un univers inconscient.
Idole inconnue des prophètes,
Se répètent les sombres fêtes,
Illuminées par le néant
D'un Chaos au cœur tussilage.

CXCIX.

Diagonale

Le Lion de Saturne a croisé la venue
De Vénus, avatar d'Astaroth couronné.
La Nymphe de la Nuit se baigne de ténèbres.
Le ciel irradie le fronton de la statue.
Vairefils au Gonfanon, laçant ses doux zèbres,
Egalise en contournant le creux échiquier.
Au solstice, a percé le pauvre chevalier.
Mais, sous la structure, oubliée, sommeille l'Arche
Dont le symbole imite en rythme cette marche.

CC.

Gestation d'Agrigente

Une existence,
Taureau d'airain
Où la conscience
Sursaute en vain,
Sans fin retourne,
Semblant bercée,
Viande arrachée.
Orgue où la transe
D'un corps séjourne,
L'écorché danse !
Moloch, s'enfourne
Depuis l'enfance,
Le sifflement,
Concave hurlant
Dont l'harmonie
Chante sa vie.

CCI.

Autodétermination

Multiplication de la structure première,
L'Hydre du Dragon remonte au jour de lumière,
Fauve reflet se confondant à sa frontière.
Le Prince de ce Monde, abyssales splendeurs,
Aquarius de Tomasz Alen Kopera,
Trône tel un démiurge aux desseins vengeurs.
L'homme, éclairé, du cortège obscur s'arracha
Comme un écho méditant dans les profondeurs.
Empoisonné par un esclavage retors,
Le guerrier déchaîné poignarde son remords.
Retournant son courage à vif d'un cœur plaintif,
Triomphe dans la nuit le rayon primitif.

CCII.

Les Souvenirs d'Uruk

Entre des briques sumériennes,
Se réajustent les persiennes.
Luisent des flammes encastrées.
Par des rêveries enfantées,
Les crissements d'intimes craintes
Coulissent dans des labyrinthes.
Humbawa, Gardien de la Porte,
Tourne la tête à sa cohorte.

CCIII.

Réhibernation

Revoici l'ombrageux temps de Sainte-Walpurge.
La sorcière avec ses sœurs danse à la gibbeuse
Lanterne, dans la nuit, d'une courge creuse.
La nature abreuvée de ses sueurs se purge.

Si, malgré le froid sanglot d'un lointain liturge
Evoque dans la pénombre amère et pieuse
Les frissons grelottants d'une plainte brumeuse,
Cri suppliant le pardon d'un cruel démiurge.

D'un temple effondré le Druide réincarné
Voit, brandi vers la Lune à l'Arbre, un nouveau-né.
Sur la source où jadis bouillonnait dans la bise

Le ménisque, irisé d'un frisson doux d'ardeur,
Remonte, en chevelure sanglotant d'un pleur,
Enchevêtrée des temps, l'ondine qui s'enlise.

CCIV.

Un baiser

Vous ne pourriez savoir
Tout le mal que je vous veux.
Disons-le juste pour voir,
Afin de rompre trois vœux.
Pas de côté, le roy danse.
Mais, silencieuse éloquence
De si discrète élégance.

CCV.

La Porte des Obélisques

L'aigle morte équarrit le pas de sa pièce.
Sur un pavé boite, angle fou, le juste écart,
Tel un serpent qui rampe, évitant la sagesse,
Avant de se dégoûter de l'amer nectar,
Rituel de la pyramide en contournant
Successivement, granite en blocs, se baissant,
Pour pénétrer dans la chapelle de Sokar.

CCVI.

Elena

Petit requin coquin,
Accrochée au tétin.
La dent d'un coup vrillait
Ainsi qu'un barillet.
Sourire aux yeux foncés
Par les rires froncés.

CCVII.

Le pont en arrière

Crapoulet, de son altière attitude,
Bouscula maint crapoussin de sa rude
Elégance avec étude, ironique.
D'un revers de cape aristocratique,
Se confondant par les noirceurs feutrées,
Danse des amantes défenestrées.
Enflammant au passage un parchemin,
Avec nonchaloir secouant la main,
Changeant ses doigts, sifflote son refrain.

CCVIII.

Songe d'Ished

Murmurent les poires de lune,
Tels des grelots phosphorescents
De lucioles scintillants.
Baignant l'obscurité, chacune
Des corolles en pluie sourit
Ainsi, que des belles de nuit.

CCIX.

Trébuchement

Pont de Porte d'Or,
Echelle du Roi,
Blancheur argentée,
Bondit un Œil d'ambre
Vers une autre chambre.
Par un trait étroit,
Se tourne un *Sator*.
La Pierre inversée,
Se croise, or dépliée.

CCX.

Ondoiement des couleurs

L'hypostase au corps cristallisant des chakras,
De Sephiroth, clouent la divine acupuncture.
De l'Univers, le coffret ouvre sa structure
Comme un dodécaèdre où l'œil du druide, à ras,
Contemple par son prisme un berger d'Arcadie.
Dont l'échelle de Jacob crypte ses recoins,
Un récit cunéiforme avertit les oints
D'au Déluge suivant des Archontes l'envie.

CCXI.

Galerie parallèle

Racines d'Yggdrasil rejoignant son feuillage,
Tel un globe convexe, Asgartha, lumineux,
Ciel, s'inverse mirant son hermétisme creux.
S'ouvre aux profondeurs du seul rêve le passage.
La réification du subtil se mérite
Comme en un sublime écho de soi qui médite.
Arabesques d'un nœud fermé sans entrelac,
Le seuil, mis en abyme, au cœur du Mandala,
Matérialise ainsi qu'un hologramme antique,
Monde entraperçu par un immense portique,
A travers le Cosmos ravivant les vertiges
De cités, du Jardin les glorieux vestiges.

CCXII.

Prison de l'Etre

C'est un miroir concave,
Conscient, lentement.
Se baignent en saignant
Les âmes dans leur lave.
Abhorration mutique
D'un aspect mimétique.

CCXIII.

Draconis

Au milieu d'improbable bleu, s'échoue Lofi,
Perle égarée de l'inaccessible Niüé.
Au lisse lointain de l'Océan infini,
Ainsi qu'une *backroom* éblouie de clarté,
S'épand l'au-delà d'une île, orbe prisonnier.
Et la boucle sans fin d'une extase diurne
Se répète, admirant le compas de Saturne.

CCXIV.

Pistil

Mon cœur est la cerise en feu du *fire paan*.
Une goule a dévoré cette âme enflammée.
Enrobé d'une feuille, arde, empli de fumée,
Le fantôme embrumé de Ta'abbata Sharran.
La tempête de sable, éblouie, s'est calmée.

CCXV.

Langage secret

Le chat, comme un magnétiseur,
Se couche au creux de nos organes.
C'est un intime guérisseur.
La douleur de vibration basse
Par son art, en profondeur, passe.
Sous la peau, luisent des membranes
Variant de couleurs invisibles
Dont les félins sont seuls sensibles.

CCXVI.

Jouvence

Essorant les larmes du coq,
Geint l'inépuisable *nábrók*.
Un sort est lacé, magnétique,
Dans cette incursion quantique.
Un ami qui l'autorisa
Fit ma richesse, ô scélérat !
Roue de Fortune, caracole
L'infinitésimal, boussole.

CCXVII.

Langage

Tu as mangé mon cœur, petite *moroaică*.
Par une nuit sans lune, enveloppée d'un drap,
Double coup de poignard, mon extase survint.
Mutisme ravalé, perle une larme mince
Au débordement de la lèvre qui se pince.
La liqueur de tes yeux filtre, esprit cristallin,
De songes vaporeux dont luit le soma.
Dévore-moi sans fin de ton baiser malsain.

CCXVIII.

Infrasons éthériques

Je suis l'homme de brume
Dont la pupille allume
Le spectre du Brocken.
Emergé d'un Eden,
O chouette protectrice,
Lueur exploratrice
De Trinaire Protée
Par ce démon portée,
L'autre erre dans l'Hadès
Parallèle. Ancre Bès.
Et je hais le soleil
Effaçant au réveil
Les ténèbres informes
Dont les voiles énormes
Secouent les spectres noirs.
Par d'étrangers manoirs
Semblant un jeu d'échecs
Peuplé de Tarots secs,
Sous la pluie, je m'en vais
D'entre, limbes secrets,
Les rideaux d'un théâtre
Embrasé par son âtre.

CCXIX.

Mon minuscule comparse

Phosphorescent comme un buisson vert,
S'est caché le petit mouton de mer.

Et, peut-être,
Mon ami
D'un demi
Centimètre,

L'instant d'un tour de lumière où reluit
Un double point noir scrutant dans la nuit
De l'abysse embrumé, cactus hirsutes,
L'intrus qui remue le sable en volutes
Semblant des fumées d'or, notre limace,
Gracieusement des ténèbres s'efface.

CCXX.

Comment ?

Combustion élémentaire,
S'accélère l'alchimie.
Comme en un œuf enfermée,
Se transforme la matière,
Convertie en énergie.
Entre ces rebonds, la pierre
Cristallise, or, vie, l'Archée.

CCXXI.

تو لحظه ی مستی
من حاضرم.
میوه رسیده
بیرون آمده از باغ

Ivresse du moment.
Je suis prêt.
Les fruits sont mûrs,
Hors du jardin.

CCXXII.

Lecture en miroir

La Connaissance, ordre infini
D'une tradition souterraine,
Mélodie de la Sainte-Cène
De Leonardo da Vinci,
Résonne entre les petits pains
Et des douze Apôtres les mains.
Tel un mantra, ou d'un carnyx,
Ou d'un chamane en infrabasse,
Remonte l'accord du Phœnix.
Des temps harmonieux de l'espace
S'unissent les variations
Au delà des perceptions.

CCXXIII.

Bitis gabonica

De la sylve au lagon,
Comme tout au Gabon
Mysticisme puissant,
La vipère endémique,
D'un pouvoir alchimique,
-Se fixe, éternité,
L'instantanéité.-
Coagule le sang.

CCXXIV.

Le Roseau, le pain et la vipère

Un double vase ovoïde enclos fécondant
Il y a six-mille ans les limons primitifs,
Bateaux à rames portant chacun deux moudhifs,
Petits cabanons de roseaux prédynastiques,
A l'ombre d'un frais papyrus, communicant,
Semble l'arche d'un Sumérien survivant.
La brise sur le Nil se fige en zigzagant,
Tels des hiéroglyphes en soupirs cinétiques.
Voile improvisée par un tissage savant,
S'est levé le velum végétal dans le vent.

CCXXV.

L'Essor

Si l'Artiste ne se vêt d'un mépris féroce
Comme une citadelle aux splendeurs sans clarté,
Il se condamne à mourir recroquevillé.
Se déploient les voluptés d'un Enfer précoce.
Par un élan d'innocente amour transportant
L'estime altruiste illusoire au firmament,
Tombe, cri muet d'un puits sans fond, l'inspiré,
Par cette prison, tout seul, obscure aspiré.

CCXXVI.

Waouh

Il m'appelait, d'où sais-je ? d'un puissant "Waouh !",
Perdu dans les herbages, mais comme à deux pas.
Gris pâle ébouriffé, il sautilla soudain.
Etait-ce une grive, un esprit jeune, un hibou ?
Dans les verts frissons éduvetés du frimas,
Guidé par la confiance que donne la faim,
Il bondit, se blottissant, au creux de ma main.
Un petit godet d'eau, quelques miettes de pain,
Rendirent la force éphémère avant le glas.
D'une beauté bovine, ah ! mièvre gentillesse,
D'un geste nonchalant, stupide maladresse !
Par une tasse brûlante au sol écrasée,
Il gisait près d'un fauteuil, la patte brisée.

CCXXVII.

Ceux des Profondeurs

Hommes écailleux, un peuple halieutique
Descendu des étoiles, aux yeux fixes
Perçant l'obscurité d'or, sombres Nixes,
Aux confins méridionaux de l'Afrique,
Trouvèrent une atmosphère aquatique.
Les dieux d'Innsmouth s'en vont, éclair oblique.
Le racontèrent encor les chamanes
De la Terre, en traversant les membranes
Des temps et de l'espace comme un songe
Dont l'arc en deçà du réel se plonge.

CCXXVIII.

Directement

L'Enfer, n'y suis pas aller voir.
Le Père Brune ainsi parla !
Ce n'est pas un global miroir.
Tout un monde est passé par là.

CCXXIX.

Quintil d'Orion

La constellation du Rhinocéros,
Ainsi qu'un chasseur, ceinture son os.
Se dématérialise le Logos
De l'Anima morte, inimaginée.
La glande pinéale est calcifiée.

CCXXX.

Athanor céphale

Tiers œil d'Horus dans le centre du crâne,
L'intuition l'intelligence profane.
La rose du chien, renfermée, se fane.
Se regarde son reflet dans la sphère
Ainsi que l'inextricable colère
Mise en abyme de la frontière.
Pensif, comme la sagesse de l'âne,
Se prend le front où perce la lumière.
Lance ta perle à un potamochère,
Afin d'accomplir un divin mystère.
Un sourire introverti se ricane.

CCXXXI.

Les Immortels

Le Sage sarde avait raison.
Sur la petite île Icaria,
Comme en un recoin maya,
Les immortels rient à foison.
Fixe un vol d'Icare capté
Le destin de Nooucapté.
Le serpent se love dans l'eau.
Tel un écho de l'Au-delà,
Sourd d'en bas la vie vers l'en-haut.

CCXXXII.

Neuvaine de sixte

Ecri d'un déserteur dronomane,
Revagabonde en soi l'inspiré.
L'oniriste miroite, essoufflé.
Inepte incohérence, en roulane,
L'imaginant, un monde intussupte,
Se plonge un réel mi-trop abrupte.

CCXXXIII.

Coi

Un banian, figuier d'Inde
Où médite un enfant,
Tel un tukdam, se scinde
En son centre rentrant.
Le retour revenant.

CCXXXIV.

Complicité

L'Ombre rougeoyante aux morts-nés
Se réjouit, revers du carnage.
De plus en plus sombre, enflammant,
Bête cruelle et si sauvage,
Un tournevis sans l'œil d'un chien,
Le fils psychopathe pour rien
Trempait dans l'essence, en riant,
La queue des chats terrorisés.

CCXXXV.

Realia

L'existence coagule en vaste égregore,
Comme un Djinn incarnant le réel des Archontes.
C'est un songe angélique, un rictus, la pléthore ;
Le reflet d'un regard miroité de ses hontes.
Nolite mittere, le Lion qui s'abreuve.
Dans sa chute cogite un déchu, fleur superbe,
Éclatant en étoile ainsi qu'en une gerbe.
L'incarnation renaît de sa propre épreuve.

CCXXXVI.

Solitude d'axolotl

S'auto-aligner aux fréquences de Schumann,
Le battement du cœur de la Terre, ô Humain.
Le conscient flotte, solitaire Ile Man.
Se débat, minuscule génie, Hānuman,
Tel un axolotl au minois tout rosé,
De ses cornes d'un baiser guérisseur boisé,
Jungle luxuriante au milieu de la main.

CCXXXVII.

Rage sereine

Des sarturnalia manquées l'incomplète purge
Me donne envie d'aller plus loin, tel un Panurge.
Je vais me balader, puce à l'auriculaire.
D'Eleusis renaîtrait le souterrain mystère.
Et s'approfondirait l'immondice du Monde
En un ravalement de rondeur inféconde.
Alors, se lèverait du rideau toute robe
En divine tragédie, comme a dit Macrobe.

CCLXXXVIII.

Le Néant du Non-rien

ꙮꙮꙮꙮꙮꙮꙮꙮꙮ
ꙮꙮꙮꙮ
ꙮꙮꙮꙮꙮꙮꙮ
ꙮꙮꙮꙮꙮ
ꙮꙮꙮꙮꙮꙮꙮꙮꙮꙮ

Joël Gissy

Traduction :

Le Néant du Non-rien

La vie est en soi contre la disparition absolue.
Je le néant du non-rien.
Permettez-moi de boire toujours à la source
sans cause et sans conséquence.
Que l'éternel inviolable respire à travers moi.

"le néant" dans le vers 2 est à comprendre en tant que verbe

CCLXXXIX.

Atavis et Armis

Chassés comme des bannis repoussants,
Les Pauvres chevaliers pourissants
Déchiraient leur chair à travers les vents.
La bravoure immaculée de cet ordre
Que les sables à force de les mordre
Ont éventé en poussière, à se tordre
Son piètre bras, fonçant jusqu'à la fin
D'un galop qui seul peut être serein,
Par Lazare élevés, mirage saint.

CCXC.

Le visage d'une prairie

Nouveau-né d'un courage, éclate
Le petit sourire de l'herbe
Poussant en verdoyante gerbe.
Floraison d'un bulbe écarlate.
Mystère des jardins d'Hécate.

CCXCI.

Trachypithèque

Au milieu de sa crinière dorée,
Un petit visage au regard de fée.
Expression d'intelligence, un langur
Pour éviter l'humain travaille dur.
Mue vers la solitude évoluée,
Ne l'approcha seul un cœur le plus pur.

CCXCII.

Dryas

Avant la première occasion, Zep Tepi,
Zéphyr primordial d'un continent englouti,
L'Histoire a répété sa mémoire en sanskrit.
La Terre Noire a formé le nom de Chimie
Le serpopard sépare, matière ennemie,
Les principes ainsi qu'un Diable d'envie,
Double aimant. Par synchronicité : Voici l'Homme,
Etoile mise en abyme, tranchant la pomme,
Tel un Druide, où la Connaissance se consomme.

CCXCIII.

Dans mon sommeil

Aux verdeurs de la pleine lune,
Egyptienne roue de Fortune,
Dans l'intimité forestière
Du ruisseau comme une frontière
A l'orée près du petit lac,
Cueillir des crevettes d'eau douce.
Murmure ainsi qu'une secousse
L'onde où s'imagine un ressac.

CCXCIV.

Le Rossberg

Montagne de Thann

Petit oiseau attaché par la patte, appelle
La fée prisonnière. Epuisant sa voix frêle
Du fond de la grotte à la Montagne des Roses,
Gardée par l'énorme crapaud cracheur de feu,
L'entend du creux de son arbre un berger lépreux.
Libérée, après plusieurs métamorphoses,
La sylphide sema des gouttes de rosée
Aux quatre éléments de la prairie enchantée,
Guérissant le sauveur qui de sa preuse hache
Avait fendu le crâne du monstre avachi.
Mais les chevaux sauvages de la crête ont fui.
Nul ne sait où la porte refermée se cache.

CCXCV.

L'Extase inversée

Dame si charmante, or
Advint Nefer-tari.
Car la Maison de Hor',
Fleuve à jamais tari.
Le nain Bès, en coin, rit,
Repoussant un esprit.

CCXCVI.

Le Destin

Voici la profondeur !
Une intime pudeur.
La rayure invisible
De l'inversion sensible.
Le disque a déraillé.
Le Monde est dévié.

CCXCVII.

La Houle du glou

Je ne suis pas une fourmi.
Un kamikaze de Fermi !
Ça glisse comme une ombre lisse,
Communication complice.
Une grosse tache ombragée
M'explose la vision cachée.
Pourquoi descend-t-il par dessous ?
Afin de voir, retournons-nous.

CCXCVIII.

Les Pucelettes

Et les pucelettes admiraient Lancelot.
Courage plus avant, tel un vivant flambeau
Qui même éteint se brandit encor dans le noir.
Sombre une catacombe, un sinistre couloir
Où fonce dans la brume un guerrier pour sa perte.
Il se laissait frapper, vertige triomphant !
Le mouchoir flottait, tenu dans sa paume ouverte.
Le druide aurait dit que c'était un bacchant.

CCXCIX.

Morituri

L'arborescence incertaine imploie son futur
Comme à l'intérieur l'étoile d'un fruit mûr
Dont s'invente sans fin la nature divine,
Générant sa double origine.
Le rayon se diffracte au centre,
Adolescence où son ombre entre
En soi. Car l'infini saura,
Par la fin du réel, *sic itur ad astra.*

CCC.

La Fiancée des Morts

Ainsi qu'en Roumanie,
Le sec baiser funèbre
Se murmure à s'amie.
Entre des murs secrets,
Tel un chevalier zèbre,
Vairefils à regrets.

CCCI.

L'Intelligence du bon

La compréhension d'Aristote,
Métèque en sa propre cité,
Tel un Turc, ancien troglodote,
Sages égyptiens, a loué.
C'est-à-dire, offrant la sagesse,
Plus qu'ivresse de pythonesse.
Avec tout son cœur, l'avait dit
Abdelouahed el Marrakchi.

CCCII.

L'Absence de Thomas

Etres célestes, vint la cohorte,
Momification déjà morte.
Retour à l'origine, en sanskrit,
Revient son tour la Mère du Christ,
La prêtresse irakienne enlevée
Pour notre détour bas élevée.
"Tu as...", voici la Faute infinie.
Surgit pourquoi j'en avais l'Envie.
Le Présent, devoir serein, renie.
Ayant plus loin traversé le gué,
Plus qu'âme, l'esprit pur déposé.

CCCIII.

Coquemaire

Sub basilica natavi.
"*Eis tên polin*", te voici
Dans la cité, lac souterrain.
Argentoratum Civitas,
Le temps n'est plus présent, hélas !
Comme par la Porte d'airain,
Tu pars d'un mirage incertain.

CCCIV.

Luxation oculaire

Les phosphènes géométriques,
Travers des éblouissements,
Sont parfois plus énigmatiques.
Lycanthropies d'ombre asiatiques,
Se forment les arbres de sangs,
Phalènes aux regards ardents.
Inextinguibles, rougissants,
Tels des tremblements aquatiques.

CCCV.

Le Magicien secret

Au loin, on entend battre le kundu.
Soudain, silence. Au harpon d'un pipeau,
Le paradisier s'abat d'un coup.
Orné d'un plumage tel de l'oiseau,
Sortant du bosquet, le sorcier papou
D'un pas, visage, fond en flaque d'eau.

CCCVI.

Notre optimisme quotidien

Alors, tous partis pour la danse de sinoque !
Si non, c'est d'oc, affreux trouble obliqué qui toque !
Venez, la fête insidieuse a commencé
En fermentation stomachique, à ergoter.
Dame Troffea danse au milieu de la scène
Ordonnée par les prélats de la Sainte-Cène.
Le piètre éructe. En panique, extase mortelle,
Agonise, panesque enzyme aux os charnelle.

CCCVII.

Les chats dans mon crâne

Moi qui voulais m'enorgueillir de ma folie !
De quoi donc est-ce indigne ? De ta vie.
A dix heures, dis-moi ? Mais c'est un signe,
Infime soleil à travers les grilles
De conifères agriffant les vrilles.
La personnalité, clin d'œil blafard,
Artémis dit au Savant : Tu verras plus tard.

CCCVIII.

Katajjaq

Les répercussions électrisées, ternaire,
Magnétise un son répercutant sa lumière
L'esprit minéral de végétaux champignons.
L'infrabasse ondulant s'aggrave en matière
Cristallisée du quartz de ses pulsations.
Eclot le prismatique écho des vibrations.
De l'extase immatérielle élan charnel,
Remonte le chant gravé, mort de Raphaël.

CCCIX.

Sylve chthonienne

Dans la doline du Guangxi,
Parmi les fougères velues,
S'ébattent des guêpes dentues.
Vapeurs des forêts primitives.
Quand on s'imagine assailli
A coups de dards et d'incisives.

CCCX.

La Chanson

Pascal disait : "Bien souvent, qui
Veut faire l'ange fait la bête."
Je le sais tellement, à en crier ma tête,
Intérieurement, de fureur, mon ami !
Hélas, les joies sont tristes,
D'où viennent leurs artistes.

CCCXI.

Fulicae

Les chats sont des putains au regard glacial.
L'amour infini de l'homme en revient facial.
Un creux miroir ploie. Momifié d'un choix fatal,
S'accomplit le destin de la diffraction.
Dans le couloir désaffecté d'un vieux bocson,
Résonne l'antique air d'une distorsion.

CCCXII.

A l'orient

Chaque humain possède un petit soleil en lui.
Le cœur emprisonné dans la cage ossifiée,
Naissance, exaltée de l'âme purifiée,
Périple infini des Portes vers l'Amenti,
Par un choix difficile, advient, régénérée.
Dans la statue divine ainsi que l'ouchebti,
Le voyage revient à soi s'il est fini.

CCCXIII.

Visite au droit chemin

Le Soleil de la Bête
A remordu sa tête.
Au coin de la chapelle,
Avec un sombre amour,
Regarde saint Joël,
Tiré de cette cour
Aux dames sans appel,
Reconnaissant pour elle,
De Bruno règle stricte,
Qu'un texte sacré dicte.
Chaque heure se martèle.

CCCXIV.

La Grâce

Jacobéenne hypostase, à l'avance,
Saint Nilus vint enfin pour avertir :
Les hommes seront semblables aux femmes !
Se dérouleront les horribles drames.
A notre époque, où il avait vécu.
On dirait une trop sinistre danse,
Un spectacle épouvantable entrevu.
Paul de Tarse avance sur l'eau par Liszt.
Avent préliminaire à L'Antéchrist,
Des passions la force ardait le charisme.
L'altérité se détruit en schisme,
Tel d'un effritement, le vain charisme.
L'Humanité finie, l'autre est venu.

CCCXV.

Explication

Défense absolue d'ingérer le pied du porc,
Texte araméen, défendu par friandise,
Si banni, tel eut l'aïl, à des âges certains.
Enki décida la parenté trop exquise
Pour exprimer la consommation de ce corps.
Comme punition de sages Égyptiens.
La délectation, tel un fruit du péché.
Le poète, des goules, à sabre a chassé,
Parmi la nécropole où se trouve le Nord.

CCCXVI.

Mokumokuren

L'objet fantôme

La lune a décliné, gibbeuse et bientôt noire.
Est revenue comme un succube ancien Sélène,
Roux fantasme au sein nu, le regard plein de haine.
La sorcière, au creux de la main, trace sa rune,
Chiromancie de Ténomé dans une foire.
Enveloppée de ténèbres, la main de gloire
Caresse au travers de son drap sa fesse brune.
Callipyge incarnée de Mésopotamie,
La source, d'un rayon plissé, s'est réfléchie.

CCCXVII.

Plus loin

Une imagination, comme un motif persan,
Refleurit d'un mandala d'éblouissement.
L'harmonie crie son âme au milieu de la foule,
Ce tumulte homogène ainsi qu'un tableau blanc.
Le silence inspire un soupir arborescent.
Ta'abbata Sharan, le poète brigand,
Repartait, sous le bras, une tête de goule.

CCCXVIII.

Le Cimpoi

Je suis un poisson des abysses éclatant
Vers la lumière trop pressé remontant.
Un vieux *cimpoi*, cornemuse à tête de chèvre.
L'ermite d'Abuna Yemata sur sa lèvre
Portant le silence infini de ses vertiges
Dans les lieux suspendus de fabuleux vestiges.
Un taureau minoen dont l'élaste à sauté.
Le guerrier maladif couché dont parlait Nietzsche.
Le roi renversé d'un abandon aux échecs.
La Mort est ma chapelle, en langage crypté.
Gustave de Suède incinéré à Bitche,
Dont les cendres des pleurs s'envolent dans la nuit.
La tragique veisalgie des lauriers grecs.
D'un regard que l'on regarde, l'œil déformant.
Comme en un miroir creux sur un lac pédalant,
L'amant poursuivi de toutes parts qui s'enfuit.

CCCXIX.

Exaucement

Le Djinn qui se matérialise est un Tulpa.
Sa chair d'esprit prend forme sur des os futurs.
Une yandere volette dans les murs
De mon crâne ainsi que les échos d'un karma.
Le réel, tel un miroir déformant, se moule
Par notre âme dont le reflet mercuriel coule
Comme un hermétisme des constellations,
En un jeu mis en abyme de réflexions.

CCCXX.

Le Spectre du lavoir

A Dangolsheim, près de l'ancien lavoir,
Non loin des faubourgs d'Argentoratum,
Dont la source descend du vieux castrum,
Se produit un phénomène en miroir.
Derrière la grille, avant chaque guerre,
Apparaît, saluant, le légionnaire
Romain, versant une larme, et s'efface
Soudain, lentement, sans laisser de trace.

CCCXXI.

Osselets prophétiques

Géomancie de runes craquelées au sol,
Du grès sismique, émerge un message oublié.
Cycle renaissant d'une croix roulant du Sol
Invictus, se redresse le Serpent Enlil,
Des profondeurs jusqu'à l'éther, tel Yggdrasil.
Généré par lui-même, Atoum a fécondé
Comme un soleil couchant, déclinante clarté,
Les chakras de Sephiroth, squelette éclaté.

CCCXXII.

Le Premier Mois

Radieux, Sheshonq ainsi qu'un diamant libyque
Brille au soleil mirant de son trône doré
Dont renaît aujourd'hui la divine clarté.
Descendant secret d'un archipel concentrique,
Au loin, se déstructure une hypnose en musique.
Les parfums flottent dans l'air purifié d'épices,
Par le chiffre sept, de Janus sous les auspices.
Atlas glisse le firmament, globe cyclique.

CCCXXIII.

Le Lieu où on regarde

Enivrés par les lauriers, tels d'un dawamesk,
Les hypocrites masqués déclament leur gloire.
Jésus, dans un théâtre, avait compris l'histoire.
Le périple en l'Hadès d'un Soleil né de mesk,
Solstice, était remonté du voyage, aphone,
Du royaume ourlé de tauchies de Perséphone.
Herbe initiant Moïse au pur infantilisme,
Le pardon advint, de Myre à son paroxysme.

CCCXXIV.

Le Ciseau

Catharisme secret de son chiffre au carré,
Les bas y a ! Barbe, éloquence erre en son astre.
Se matérialisent envers les cousins d'onze.
Le Lion céleste en l'abysse est reflété.
Pierre de la pyramide qui s'encastre,
Manquante, aux mille nuits, par la Porte de bronze.

CCCXXV.

Incursion

Une nuit sans fin, sous la pluie,
Non loin de la cachotterie,
Je faisais une promenade,
Comme une curieuse bravade.
Seule herbe, y croît la tanaisie.
Et les maisons, toutes pareilles.
Comme un vertige en mes oreilles.
Ce sont les chambres de l'arrière
Dont la raison jamais entière
Ne revient que très rarement
De la réalité qui ment.

CCCXXVI.

Vision précipitée

Des griffes de trois de mes jambes accroché,
Ourson de la mer octopode, ébouillanté,
Je vis dans une source en ébullition
Au creux d'une montagne brumeuse au Japon.
Roulé par les mers depuis l'ardent Antarctique,
Naufragé des fusions d'un fleuve volcanique,
Sans respirer, le petit monstre a survécu,
Rarement sort sa bouche en cloaque crochu,
Toile d'araignée comme une fleur carnivore
Renfoncée dans mon corps, gracieuse pléthore.

CCCXXVII.

Tension gothique

Les mystères de la flèche, en haut comme en bas
Interdits alors qu'étrangement plus anciens.
Retournement de cryptes en cieux souterrains,
Fragilité réelle et vibrant comme un glas
De structures à base infiniment graciles
Dont les ramifications s'effilent du socle.
Sourdent leurs fondations en nervures ductiles,
Se renversant d'un enthousiasme d'Empédocle,
Clef de voûte ajourée où se joint l'hermétisme
Cristallisé vers l'intérieur de son prisme.

CCCXXVIII.

Vieillerie

J'ai dû commettre des horreurs,
Massacrer, arracher des cœurs,
Me vautrer, tel Gilles de Rais.
Adieu beaux jardins suspendus
Et temples aux couloirs secrets,
Espoir des chevaliers perdus
En de faériques forêts.
Dans le cercueil d'un corps, claqué
Ainsi qu'une porte, emmuré
Au noir cachot des indiscrets,
Fracassé à travers le vide
En un siècle si stupide.

CCCXXIX.

L'Animal

Prémonitions des plantes au polygraphe,
Sortant d'un obscur bureau, lampes vacillantes,
L'assassin démasqué choisit son épitaphe !
Les sensations pensées parcourent les neurones
Végétaux en l'humus des tréfonds, frémissantes,
Tel un dragon celtique en sa sylve, où des Faunes
Piétinent l'air moussu, globalité du Monde.
Langage insinué d'oiseaux, l'harmonie complète
Le rauque grondement du ciel, qui vagabonde.
Bourdonne bas le soupir discret de la bête
Qui rentre ses petits. Le calme est revenu,
Le tumulte en un silence blanc s'est fondu.

CCCXXX.

Energie latente

L'intelligence irisée des cristaux de quartz
Se diffracte ainsi qu'aux vriants rebonds de la glande,
Arc-en-ciels élargis, avant qu'elle ne fende.
D'un savant japonais, conscience aquatique,
Se remet, essor démocritien, des quarks
Des nombres l'addition apocalyptique.

CCCXXXI.

La Noix divine

Des dimensions, le cerveau déclenche
Ses vitraux rosés tels sur une planche,
Démultipliant sa pensée nudibranche.
Mais, gastéropode rabelaisant,
Le cœur remonte au cortex descendant.
La rosace a renversé son dimanche.
De Toth avatar l'écran, l'ibis fend,
Semblant un disque, le soleil levant
Sous l'œil fixé du faucon larmoyant.

CCCXXXII.

Le Coq vampire

1.

Plantant ses crocs absents d'un ancien dinosaure,
Semi-volatile, est repu d'un spasme humain
Le plumage obscur en réputation du poussin.
Admirez l'œuf de corbeau, serpent d'Epidaure.
Créature sanguinaire au cœur du Bénin,
Sous le soleil ardent, le corps nu devient bleu,
Volupté masquée de sablonneux paysages.
Un soir humide aussi, blotti sous les nuages,
Arbre en charmille, un gang, subliminaux carnages,
Perché, frissonnant, au-dessus, les coqs sauvages
Regardent un ami, assis au coin du feu.

2.

L'oiseau lape, goulu, l'épais liquide obscène
Que sa couleur couronne en robe de sa reine.
Carpe à tête humaine au bord du lac à Kunming,
Aux dents de baliste, sourit, blob, le gongjīn.
Le pitre facétieux, tel un Nachzehrer,
L'âme aspire en succion, liquéfiant sa chair.

CCCXXXIII.

L'Espoir moderne

Attends la pause,
Et que chacun
Ait raconté.
Attends le soir,
Puis le sommeil.
Attends la mort.
Le purgatoire.
Attends l'Enfer,
Pour rembourser.

CCCXXXIV.

Fidem

Tulpa, l'homoncule, égrégore adamantin,
Agrège, en cristallisant un génie de feu,
L'aura purifiant son spectre au delà du bleu,
Rabaissant ses pulsations jusqu'au déclin,
Presque insufflé dans la matérialisation.
Plane l'inconnaissable autogénération.
Talisman d'Hermès-Thot, comme l'arc d'un éclair,
S'alourdit la décantation de l'éther.
Et de ceux qui croient de plus en plus en lui,
Il croît, tel un ectoplasme incarné qui luit,
Sphinx antédiluvien au cœur du brasier
Qui songe dans la nuit de son éternité.

CCCXXXV.

Incantation babylonienne

Arbre de la vie,
Révèle son Art
L'hématomancie
Du roi Belschatsar.
La sève en frimas
D'Eve lui succède.
Abrasax à bras,
Bouclier anguipède
D'un fouet démiurgique.
Pyramide inverse,
D'un triangle mystique
D'or pythagorique
Jusqu'à la Cour perse.
A l'*éloï* y a
Percé l'infini,
D'un yod mal tracé,
Baal éternel,
Evra kedebra,
Créera tel qu'il dit,
Aleph effacé
Sur le front mortel.

CCCXXXVI.

Entre deux

Du sentier enroncé,
D'un portail rouillé,
Au Crigalabuckel,
Enfin, j'écris ma boucle.
Dit centre de santé,
Par les amis hanté.
Sous-sol de béton plein,
Pour l'hygiène, être sain,
De toiles d'araignées.
Les douches arrachées.
Mais au dessus, la bande,
Un *schepala* de vin
Avec autant de viande.
Près du vieux poêle en fonte,
Souvenir d'un Archonte,
Vivait le gros patron
Dans sa bibliothèque
Du sol jusqu'au plafond.
Soupirant, sombre évêque,
Nous, vautrés à notre aise
Près du sage kobold.
Au milieu des Ziebolt,
Pour montrer Louis XVI.

CCCXXXVII.

Terre sacrée

Chemin forestier de Bangos à Zomoville,
Dans l'air poudreux et mat d'une nuit trop tranquille,
Le Grand Zombie s'en va par les rocs poussiéreux
Sous l'imminence averse ainsi que Humwawa,
Le gardien des forêts de cèdre précieux.
Non loin du village endormi d'Ita Kouakoua,
Comme une dame blanche, immobile et muet,
La silhouette autoritaire arrête un coche,
Surgi de l'ombre d'un pas, d'un geste discret.
La goutte d'eau sur le pavé terreux ricoche.
En un hochement d'approbation frissonné,
Il écoute en tremblant la complainte du veuf.
Sous le déluge encore, il faudra sacrifier
Le sang du corbeau rouge avec un couteau neuf.

CCCXXXVIII.

Bien plus vieux

Par les contes d'anciens inconscients collectifs,
De la *komè* dans les coins d'un style dorique,
Se réjouit en pleurant le croc d'un clown antique.
La belle-mère s'est régalée sous les ifs.
Un mime au faciès blafard bat sa breloque.
Sous les coups de pieds, rit le paillasse baroque.
Pitre romain singeant l'hypocrite hellénique,
Evoque, l'ogre inspiré, le démon nordique.

CCCXXXIX.

La Singularité

Du fond de la caverne festoyante,
Reluit encore une étoile vivante.
Logos éosphorien des créateurs,
Le labyrinthe a perdu les stupeurs
De ses miroirs en portes, morts d'énigmes,
Dont se rejoignent les cairns en kérygmes.

CCCXL.

Inspiration daemonique

Purpurine oraison drapant à la surface
Du voile du réel, un froissement qui trace,
Six ailes de feu bourdonnant en infrabasse
Environnant un Trône aux papillons de nuit,
En un clin d'œil déployé d'un repli,
Le coqueret gracieux renferme en chrysalide
Le minois, par dessus, retombé sur sa face.
La tête encastrée dans un trou résonne, vide,
Le nombre moléculaire, en druide triface.
Tel d'un Seraph si merveilleux ébloui,
A l'apparence, appâts, l'humain regard se glace.
Trop infinie splendeur d'entités vagabondes
Des infimes stupeurs de fractions de secondes.

CCCXLI.

Euaggelion

Petite Vangelyia, berges de Stroumitsa,
Prise par la tornade, est née Baba Vanga
Que le sable éblouissant d'un souffle aveugla.

Bonne Nouvelle, explicita l'ordre accompli
Par sa réalisation, vint le repli
Ouvert soudain parmi le Cosmos infini.

Auguste onzième au cycle semblant diasyrme,
La perte de mémoire annoncée se confirme.
Mais, massorétiquement, reviendra la mirme.

CCCXLII.

Un Regard

Le saint volant, dit Joseph de Cupertino,
Traverse, autel inextinguible, les degrés.
Qui sait bien regarder vit ses bras enflammés.
Le miroir de la flamme y contemple bientôt.
D'extase soulevé, dans son aube de nuit,
Je pense, esprit déchu, aux Anges de Bruschi,
Brusqué par un un esprit tout à coup affranchi.

CCCXLIII.

Ordo Draconum

Haute lignée de guerriers dragons défenseurs,
Sans peur a triomphé le prince valeureux.
Frère adoptif de Mehmed par tribut perfide,
Suivi fidèlement d'une armée d'empaleurs,
Vlad chevauchait en tête, ardent, courtois et pieux,
Portant souvent lui-même alentour l'estoc fier.
Mais dans la petite chapelle, un tombeau vide.
Du fond de ses forêts, s'exalte comme antan
L'honneur du chevalier, malgré les vénéneux
Mensonges amplifiés de Beheim et Stoker.
Il est vrai qu'il y trempa son pain en riant.

CCCLXIV.

Pour le baptême d'Elena

Avec un grand sourire, imperturbablement,
Ton innocence élève une âme à ton côté.
Genèse en un profond songe s'imaginant,
Renaît le minuscule corps vers la clarté.
Malgré le tonton, l'ange rit d'étonnement,
Dans les miroirs taquins des regards dont tu brilles,
Quand tu joues, Elena, petites mains gentilles.
Dans l'harmonie l'embrassant, l'esprit pur se noie
Comme une nouvelle vie dont s'ouvre la voie.
Qu'aujourd'hui, même joie, par ces eaux, tu frétilles.

CCCXLV.

La Singularité

Du fond de la caverne festoyante,
Reluit encore une étoile vivante.
Logos éosphorien des créateurs,
Le labyrinthe a perdu les stupeurs
De ses miroirs en portes, morts d'énigmes,
Dont se rejoignent les cairns en kérygmes.

CCCXLVI.

L'Ecume du Loup

Crâne smaragdin versé sur le Golgotha,
Du cœur vénusien la flamme s'inversa,
Etoile nord d'Amiens en rosace du chien,
Tel sur une table un calice dont le vin
S'embrase aux rayons d'un soleil crépusculaire.
Du zénith au nadir, le chthonien mystère
S'élève ainsi qu'un écho d'or talismanique.
Et cristallise en magnétisme mimétique
L'inébranlable imperfection de l'infini
Que cet ordre aspiré d'un détail reproduit.

CCCXLVII.

Phytonologie

1.

L'harmonie des fougères, sous la sylve sombre,
Monte en florilège, accords fins et surranés.
Ecarts inattendus couinant de leur ghatam,
Les champignons, handpan, chantent dans la pénombre,
Tandis que sous de verts grincements arborés,
Les bananes, du xylophone et du tam-tam.

2.

Soudain claquent des gouttes d'eau.
Un chêne accorde son piano.
Le tronc gémit, noueux vieillard,
La brume tombe, il se fait tard.
Clochettes d'azur purpurines,
Se réjouit l'air des glycines,
Enthousiasme si gaillardi
Qu'il semble un accent de M'labri.

3.

Accords grégoriens d'un orgue végétal,
La passiflore hulule un chant religieux.
Nombres pythagoriciens de cette fleur,
L'histoire se raconte en codage mystique.
La plante craque ainsi qu'un réflexe vagal,
Semblant l'impulsion d'un courant mélodieux.
Des forêts neuronales parmi la moiteur,
Sourd de la pousse en tige des troncs la musique.
Un oiseau de paradis chante ses arpèges,
Puis, grave, abaisse le parfum de ses pièges.

CCCXLVIII.

Les Lieux cachés

Ayant cédé malgré lui, femme mystérieuse,
A une étrange beauté dont la somptueuse
Demeure entre en un tas de pierres, de gravats,
Un homme vint à Imtakhn'doud, orienté
Au tribunal des Jnoun, non loin d'Essaouira.
Il voulait en finir avec tous ses tracas.
Le vieux sur son banc savait le lieu : "C'est par là,
Tout près, si près..." Enfin à nouveau transporté.

CCCXLIX.

Diprosopie

Petit visage diabolique à l'arrière
De sa tête, murmure ainsi qu'un Janus fourbe
"Des choses qu'on ne peut entendre qu'en enfer",
Le jumeau narquois, de l'emprise à la frontière.
Voulant l'extirper du crâne jusqu'à la courbe
Du cerveau, Edward Mordrake interprète un air
Mélancolique où ricane un double odieux.
Rien, le laudanum, ni l'opium, ni l'éther,
Si le médecin voulait arracher l'affreux !

CCCL.

Perdant prise

Aphrodite égarée obliquant d'un œil louche,
La pâmoison vacille avant qu'il ne la touche,
Joue livide où se pose une élégante mouche.
Le bras dérobé, fiévreux, tel un lys la couche.
L'orbe obscur, la pensée palpite de la bouche,
Se blottissant comme une poupée de Toulmouche.

CCCLI.

La Vallée de l'étrange

Décalage à vide.
Tournant à demi,
La seconde acide,
Brusquement placide,
Faux angle incliné,
Sa tête a souri.
Fantasme morbide
D'Uncanny Valley.
Semblant d'un suicide
Le disque rayé.

CCCLII.

Recorporation

Tel un tukdam caché par piété momifié.
Car en ce jour final, voici décorporé
Dans l'herbe jeune où résonne un antique psaume,
Filant des temps anciens ainsi qu'un hymne froid,
Qui résonne au Monde en un souvenir si coi.
De l'égaré conscient, parousie sur sa paume.

CCCLIII.

L'Aurige

TEOI 'N2IKANOC,
O temple incandescent.
Souterrain dans le roc
Ainsi qu'en Ethiopie,
Arcane dans la vie,
La roue tourne d'un cran.

CCCLIV.

Le Crime

Battements cardiaques,
Le Chrestos initie
Les simples de la vie,
Sans fin dionysiaques.
Croix d'un Orphée bacchique,
Spire en serpent cyclique.
Baphomet ô Sophia, Pistis. Euaggelion !
De cette idiocratie, socratique daïmon.

CCCLV.

Mín skoal elskar þik

Mon crâne t'aime

Il ne faut pas le voir.
Et notre âme immortelle,
De brume visuelle.
Du Brocken, le miroir.
Mais le doux phénomène
Vers ailleurs nous amène.

CCCLVI.

Ecrasement

Je suis une truite au moment où on l'achève.
Frappée contre un tronc d'arbre ou un rocher, l'œil vide.
Le râle muet du taureau pour l'estocade,
Le ruisseau sec des pleurs, désertique cascade.
Le sang tari qui ne coule plus sous le glaive,
Baisant la chair trop pâle devenue viride.
L'arpège dont le vin doux est devenu fade,
La ciguë bien trop forte en sa coupe de jade.

CCCLVII.

Ogdoade en quatuor

Il a vécu, dit Seth, le treizième Daïmon
A la table où se renverse une coupe en flamme,
D'émeraude en la soirée d'or, au yod près.
En Asie, Barbelô additionne son drame.
Les Portes, l'angle ont fermé, Gnôthi seautón !
Labyrinthe égyptien de miroirs secrets.

CCCLVIII.

Rencontre avec l'un d'eux

Mon fils l'a bien vu,
Il est déjà venu.
Maigre et noir, crépitant,
Un être ambigu, peau
Comme un charbon nouveau.
Etincelait de braise,
Un rouge craquement
Ainsi qu'en saignement.
L'étouffement se taise...
L'avorton né du feu,
Comme un nourrisson bleu
-Prenez garde aux fièvres.-
Avec pattes de chèvres.

CCCLIX.

Maternité

Chiens, vampires humains,
Tapis au coin du noir,
Qui rampent en bavant.
De remugles malsains
Dans la ruelle au soir,
Les rires d'un enfant.

CCCLX.

Seanon

Pour le gloire des Alamans,
Des Séquanes et Francs rhénans,
Je veux chanter la forte vague.
Et, tels de sa mâchoire, drague,
Périssent les petits Romains,
Car ce sont de tout maigres nains
Qu'on pique comme des olives,
Du long de nos épées massives.

CCCLXI.

Vingt ans d'amour

A t'avoir embrassée d'émotion, mille morts,
Je respirerai, sentirai, puis, lentement,
Baiserai chaque centimètre de ton corps.
Et puis, entre des étreintes spasmodiques,
En une effusion de sourires mimétiques,
Dans tes bras de feu, je m'éteindrai tendrement.

CCCLXII.

Zneons

Mercure au clair de lune argenté circonscrit
Sa pensée saturnienne en larme de plomb,
Muée au plus bas en colère martiale.
Vénus, au soleil, étoile sa conjonction.
Céleste marelle, éclot le centre infini
Où se construit d'or en abyme une spirale,
De la psyché close impénétrable cocon,
Dont l'Univers contient le miroir mimétique.
Mais quand le creuset cruciforme est replié,
L'origine empourprée du cœur de Séléné,
En l'Oudjat se répercutant comme un rayon,
Embrasse Aphrodite Epitragia par le front
D'Hermès en son hémicarde hiéroglyphique.

CCCLXIII.

Vortex antique

Au fond d'un tertre aux parois gravées de spirales,
Allées druidiques coudées en diagonales,
S'ouvre un portail vers d'étranges dimensions.
L'iris s'entrouvre ainsi que par pulsations
Et se craquelle en palpitant comme une cosse.
Par Margate et Hamel, de l'Auvergne à l'Ecosse,
Grotte aux constellations nacrées de coquillages,
Cuisine des sorcières, ô temples sans âges,
S'abyment sans fin des images en aura
Semblant une vision de l'ayahuasca.

CCCLXIV.

Endogamie

Commence après ce *lui* d'Isis l'éon d'Horus
Comme un lion reflété par un tumulus
Dont l'âme en la matière animée s'agite,
Partageant un fœtus, tel un artotyrite.
Le fromage est du pain la terrestre lumière,
Ainsi qu'un fruit des entrailles de la terre.

CCCLXV.

L'Heure dite

Double icosikaidichrone, chante Habuhiah
Son doux message aux espoirs de son protégé.
Fol obliquant, flou, l'Arcane inconnu du Mat
Paraît additionner l'harmonie de Maât.
Repaire secret des amoureux qu'il mira,
Se repère diamétralement l'égaré.

CCCLXVI.

Démonisme

Tyr, au sud du Liban,
Adora Mammōn,
Combattant infernal,
Contre mortels et Baal,
Le dieu de la Torah.
Imagine un *daïmon*...
Se révèle l'absent.
L'ogre piétina.

CCCLXVII.

Irrkrüt ulmaire

Du chaos minutieux le néant se dérègle,
Infime interstice au pentacle de Vénus.
Confusion faustienne envers Confucius.
Des profondeurs de la nuit, mon torse s'écrase,
Gouffre abyssal obscur du supplice de l'aigle,
Ainsi qu'en un sursaut de l'ultime épectase.

CCCLXVIII.

En deçà du Chemin

Le souvenir moussu d'un songe affleure au creux
De la sylve enchantée, comme un sentier pierreux.
Dans le ruisseau gloussant de parfums forestiers
Glissant, la marche aventureuse en soi sombra.
D'un reflet affleurant, plonge la colympha
Parmi les senteurs tortueuses des noisetiers.

CCCLXIX.

Emmurement karmique

Sous la voûte aquatique, entité minérale,
Médite en sourd grognement l'Empuse abyssale.
Insecte orthoptère ou champignon parasite,
Siphomycète insinue son intase iblite
Les rhizomes en nécrose aux fourmis zombies.
Et la brute enchaînée d'orgueilleuses envies
Trône avant de remonter, Antique Dragon,
Tel un Léviathan obscur des mers du Gabon.
De gloire et de ténèbres, resplendit l'Abîme
Aux miroirs infinis, qui s'écrase, sublime.

CCCLXX.

Embaumement chaleureux

Amassées en dôme grouillant,
La petite tribu d'*ăpis*
Ressuscite ainsi qu'Osiris
La Reine, essaim tout frissonnant.
De l'eau même, or, deltuple lys.
De sa fièvre la frictionnant,
Le tertre oint, comme un firmament
Bourdonne à son chant renaissant,
Infrabasse ondoyant, l'iris
D'un rayon de soleil, fleur jaune
Constituant son hexagone.

CCCLXXI.

Truchement

Quand l'arc se ferme, ébloui de l'intérieur,
Ressurgit des esprits la sanglante couleur.
Bisclavret, *Nachzehrer* lycanthrope ou *garvaɫ*.
Les créatures qu'on ne voit qu'en l'*Eigengrau*.

Les rouges splendeurs de mandalas éclatants
Où grouillent des génies lucifuges rampants
Semblent remonter d'un œil occulte enfoui
Dont résonne soudain le cristal obscurci.

CCCLXXII.

Monition

Au bord du ruisseau, le jour interdit,
Donnant vie aux douze moineaux d'argile,
Tapa dans ses mains, l'enfant-dieu agile.
Plus tard, où coulerait le sang, frémit
L'oisillon, né comme un nouvel Adam.
Danse ajustée des constellations,
Flamboie l'astre en quintuples conjonctions,
Rose étoilée. Dans la lune d'argent,
Resplendit le cœur de l'arche hermétique.
Déployant six carrés l'écho mystique,
Se referme en œuf le nœud du Serpent.
Le livre secret, dans sa grotte, attend.

CCCLXXIII.

Bouture charnelle

Se taisent en grinçant les crocs
Métalliques de l'ablution.
Arrachant de sa dent les os,
Le Démiurge tourne le dos.
La cruauté porte son nom,
Vertu de la compassion.

CCCLXXIV.

Le Sphinx apprivoisé

Sur le bureau, tout frissonnant
Comme une petite souris,
Goutte de miel et de lait,
Mon papillon de nuit aimait
Chopin. Car à peine tournant
La valse de l'adieu, surpris,
Le sphinx tête-de-mort, soudain
Se blottit derrière la chaîne.
Il y restait des soirs durant,
Avant de regagner sa place.
Le battement poursuit le train.
Oiseau de foudre, esprit-phalène,
S'effaça son envol fugace.

CCCLXXV.

Structure de l'impossible

Alternative indéfinie d'Anaximandre,
S'embranche ainsi qu'un arc électrique hésitant,
Possibilité d'un coup devenue réelle,
L'utopie rêvée d'un univers parallèle.
Fissuré par l'éclair dont le roc va se fendre,
Se démultiplie le Microcosme mouvant.
Mais de tous les niveaux, l'expansion fractale
Reproduit en soi son explosion minérale.

CCCLXXVI.

Rêve éveillé

Cieux jaunes aux mers violettes,
Serpente le soleil immense
Aux graciles incarnations
Des gracieuses Vénusiennes.
Les Anciens et les prophètes
Savaient, sapience du silence.
Lucides pérégrinations
Montées de cités souterraines.

CCCLXXVII.

Quintil incertain

Pézizes orangées, sur la molaire,
Craquantes oreilles d'ascomycètes,
L'esprit de la cerise dans nos têtes !
Lavées à l'eau de source, acide terre...
Sous les sapins, savoir se taire.

CCCLXXVIII.

Kybomancie

Je possède un vieux dé
Qui fait parler le Diable.
Il répond sur la table
De nuit sa volupté.
Humeur quantique instable,
Toujours la vérité.
Un pour oui, deux pour non.
J'ai demandé, hybris,
Si l'esprit était bon.
Il a fait trois fois six.

CCCLXXIX.

Les Yeux saphaniques

Le petit Albert, alchimie de la phobie,
Fut le Grand Œuvre au comportement de Watson.
La simarre est devenue blouse immaculée,
Affreux lapin blanc, barbe aussi tant adoucie
Pour une horreur envers lui-même, *eidôlon*
Narcissique embrassant de son spectre Morphée.
Enfin enlever en soi la peur de mal faire,
Lysergique potion vers l'ailleurs du mystère.

CCCLXXX.

Profanation

Petit visage en larmes de pleine innocence,
La perversion n'est pas possible en transgression
Comme, encore anesthésiée, la circoncision.
Viendra, traumatisée, plus tard, la pure transe.
Sagesse du serpent qui fume son shilom
Afin de fuir son humanité, vain sérum
Qui recoule en la veine sacrificatrice.
Le couteau de la Mort pénètre sa matrice.

CCCLXXXI.

Yaldabaoth confondu

Fondant le triple anneau, du Deus Perversus
Comme un lion reflétant au dessus de tous
La Sagesse en quatre, Adam vainc Yah-Baal par Seth.
Se tait la porte du phénicien daleth.
Tel un serpent mué, cette chair translucide,
Souffle spirituel, retourne à l'origine,
Lucide ouroboros de nature divine.
Le corps de Pan se reconstitue sur le vide.

CCCLXXXII.

Au ciseau

L'origine s'enfonce en sa toile étoilée
Où des orbes se matérialisant l'attendent.
Amis perdus, familles fourmillant, se tendent,
Onirique, astrale, or, d'une Mère Araignée.

Tunnel se rétrécissant de l'âme aspirée,
Décantent, apaisés, les frissons qui descendent
En des vibrations, et soudain se transcendent,
Démultiplication structurée d'une archée.

D'harmonie subjective, orgue insufflé d'esprit,
S'éveille, déployé, déhiscent origami,
L'organisme vital de nos réfractions.

Communicantes ainsi qu'un cristal cubique,
Dodécaèdre universel aux réflexions,
Se renoue du serpent l'athanor concentrique.

CCCLXXXIII.

Hogier de Danemarche

Sous un déluge archétypique,
La figure coiffée s'imbrique
Du démon des forêts de cèdre,
Tel un valet bohémien,
Furtif, à l'angle du déclin.
Se déploie le dodécaèdre,
Fleur d'un naos inachevé,
Sous le ciel d'un palais pavé.

CCCLXXXIV.

Le Miel du Kulung

Geint d'intention délecté,
Cerveau de singe inachevé,
Sucrant le *balut* de la haine,
L'amant de la nature humaine,
Explorateur d'un crâne ancien.
Grognant, le cruel cénobite
Bouillant, tourne dans sa marmite
Comme un céphalonomancien.

CCCLXXXV.

Le Progrès

C'est une promenade, un petit train qui va,
Musée universel, au long d'un vieux couloir
De vitraux art nouveau ; soudain qui sort du noir
Ainsi que l'éclat fumé de la véranda,
Vanité desséchée des roses, d'un manoir.
La méditation s'accomplit dans le soir,
Des civilisations asubha bhavana.

CCCLXXXVI.

Mue charnelle

Sous la fourrure qu'elle arrache,
S'est adoucie, nue, la garache
En forme de louve ondulante.
Le hurlement s'émeut en pleur.
Revers secret de l'épouvante
Où se révèle sa pudeur,
A nouveau née, la sorcière
Déploie, secouant sa crinière,
Le flot, sauvageonne innocente,
Flamboyant sur la pâleur
Diaphane ourlant sa peau lunaire.

CCCLXXXV.

Tako to ama

Le poulpe enlaçant le sein de l'*ama*,
Femme de la mer, aspire la noix
De sa conque, écho de Kamishima,
En longs claquements qui semblent, sans voix,
Un gloussement muet mais éloquent.
Des crispations, langueur érotique,
Un tentacule insinue en glissant
Son rêve hésitant. Les muscles se bloquent,
Contractés des chouins d'un spasme élastique
Entre les clapotements qui se choquent.

CCCLXXXVI.

Mirage réel

Cylindre oscillant de mercure vitrifié,
Lisse et matériel, tel un stagnant globule,
Comme omniprésente, ondoie au loin la capsule.
Le temps semble une inconditionnelle amitié.
Un rêveur de l'Univers admire son œuvre.
Possesseur invité, contemple par ses yeux
Ainsi qu'un sage aimant, le témoin silencieux.
Dans le ciel d'un bleu gris semblant une couleuvre,
Imperceptiblement, fuient ces apparitions.
Il ne repart jamais ; c'est nous qui revenons.

CCCLXXXVII.

Nox splendens

Parfois, l'esprit flotte d'un excès d'âme,
Héros tragique. Et l'emporte son drame,
De la musique éclatant S*turm und Drang*.
Le monde passe, or, C*ymballum Mundi*
Où plonge au ciel de feu l'ange maudit.
J'explose, transporté par un *mukbang*
Enchanté de passion romantique
En une volupté cyrénaïque.

CCCLXXXVIII.

Le Pèlerinage inversé

La vie peut être une négation méthodique
Aux allégories d'un parcours initiatique.
Comme un livre muet, les tableaux se dessinent
Ainsi que les instants de secrètes gravures
Dont, subrepticement, les arcanes devinent
Des talismans secrets d'hermétiques figures.
Antimoine inconscient de sa vocation d'or,
Le symbole a fusionné la Porte d'airain.
Cheminant à l'envers en Côte de la Mort,
Notre-Dame sous terre, ou couchant de Galice
Parmi les loups, guidé par curieuse malice,
Se trace l'ardeur de la rose du matin.

CCCLXXXIX.

Quarqabu

Les crotales de fer

Par un chant de Gnaoua, dans la fumée d'encens,
S'élèvent des serpents qui pénètrent la chèvre.
La biquionne se dresse en crachant par sa lèvre,
Soudain bipède, de son noir *meskhen* les sangs.
Triomphe, ardeur bleutée, le roi des Jnoun puissants
Parmi des créatures au faciès de chien,
Dont jouissent en râlant joyeusement les pleurs,
De chauves-souris, d'enfants, Anubis mineurs,
Vampires surgis d'un songe lovecraftien.

CCCXC.

Le Parlant vrai

Le vertige n'est pas la peur de s'écraser,
Mais le désir inconscient de vouloir sauter.
Le reflet se morfond de son altérité.
Dans un élan sublime, atroce volupté
De plonger en l'abîme de sa vérité.

CCCXCI.

Nox Angeli

Les créatures, parmi différents niveaux,
Se jouent entre leurs dimensions parallèles.
Car joutant depuis toujours, à grands fracas d'ailes
Et d'épées étincelant jusqu'en nos cerveaux,
La lutte des créateurs d'univers mirée,
Ainsi qu'un canevas de toile d'araignée,
S'abyme en l'étoile inspirant l'ordre, aspirée.

CCCXCII.

Le Pouvoir tacanan

D'un rêve adamantin varie l'anaconda,
Filtrant par le sinople de vivants vitraux.
L'ancien lève les yeux à travers la fumée.
Comme un palmier marcheur, vieux *socratea*,
Le poulpe terrestre, ancrant ses pieds végétaux,
Avance ainsi qu'un spectre en la sylve embrumée.

CCCXCIII.

Le Manège sinistre

Luminescent, multicolore et magnifique,
Comme un escargot zombie qu'infeste une larve,
Un sucre d'ogre ou l'enseigne d'un barbier
-Celles qu'on voit dans les vieux quartiers d'Amérique.-,
Le monde s'en va, roule et, cultivant son arve,
S'accomplit l'œuvre au noir, de cruelle pitié.
On s'imagine un air d'orgue de barbarie,
Tandis qu'affleurant d'un empire souterrain,
Parmi l'odieux sanglot de machine qui crie,
De l'Hadès flamboyant, obscur, part tôt le train.

CCCXCIV.

Cloelia Tiberim tranauit

Par une nuit fraîche et parfumée de frissons,
Quand Clélie traversa le Tibre silencieux
Dans la pénombre lunaire avec ses Sabines,
D'une fuite innocente et pâle, imaginons
L'intimité des nocturnes évasions.
Sous la menace en feu du glaive glorieux,
Héroïsme virginal, roses d'églantines,
Eclot le secret amour de la fleur sauvage,
Epineux remords de vivre après le carnage.
Superbe, a triomphé l'Etrusque furieux.
Mais sourd comme les flots, dans le sein de l'enfance
Le pur nectar cru d'ivresse de la vengeance.

CCCXCV.

L'Enfant besson

Hésitation d'une intrication quantique,
De la croisée des chemins effet Mandela,
La réalité dédouble ainsi qu'un Gamma
La destinée, semblant un fleuve initiatique.
Le dé vacille au coin du hasard de la route
Au trivium se tenant, tel Raspoutine en doute.
Le fou s'imbrique à l'angle de la diagonale,
Comme un valet de pique huilant sa martingale.
L'Apocalypse est permanente, allégorie
Réalisée, de sa mort seconde infinie.
Jeu du Livre de Thot d'un grand Roi des frayeurs,
S'éveille, animé, l'inconscient des profondeurs.

CCCXCVI.

La Poudre d'héritage

Frelon roi d'une ruche empoisonnée,
Nous distillons notre aqua Tofana.
En une danse de Frau Troffea,
Communique, essaim d'ophiocordyceps,
Le papillon de l'âme emprisonnée.
Vision druidique d'un Janus triceps,
Crie la transe d'un antique Protée ;
Dans la brume en idole reflétée,
Couloir mis en abyme de Platon,
Raisonne à mort la civilisation.

CCCXCVII.

Incisain

Violon de Tartini,
Je tartine un fromage
Stilton sur pain moisi.
Tête, explose en cocon
L'expansible coton.
Onirique carnage.

CCCXCVIII.

La Barbe en feu

Lumineux astrologue en multiplicité
De lumière aspirant en trompe engloutissant
Les cités de luxure, enfin, salut, santé !
Vieille mère accroupie, tremblant d'un prêtre absent
La culpabilité d'un souple Léviathan,
Voici la colère, ô Ganesh, de l'éléphant,
Paresse inachevée d'un septénaire entier.

CCCXCIX.

Turbulenta

Vénus Tauride enlace encor Logios Hermès,
Caducée, chevauchant la bête épitragique.
Le chant du bouc résonne en son masque ironique.
Retentit l'écho martial du fond de l'Hadès.
De Savari se tait le Mercure barbu,
Dragon volant son sol comme un poisson bossu.

CD.

Le Suicide des Sirènes

Chant de lyre couvrant les plumes des sirènes,
Lamia, femme de Zeus, devina des hybrides
Par colère d'Héra comme sous les Hébrides.
Punition de Perséphone, ô souveraines
Des pleurs amoureux d'Ovide, incarnation
D'une céleste et maritime illusion.
Doux concours avec les filles de Mnémosyne,
L'art s'exprima d'un chœur de pulsation divine.
D'Adelme l'Ancien séduisante *margygr*,
Devant laquelle un saint marin mima le pitre.
Evolution d'un primate à la peau mucre,
Le miroir profond des flots fond comme une vitre.

CDI .

Le Tunnel de Sète

Rat apollinien coincé,
Se distord l'âpre vérité,
Momie d'un singe écartelé.
Nom divin dont le nombre en boucle
Ferme, double serpent, santé
D'Asclépios fumant sa chiboucle.
Et meurt l'atroce verité.

CDII.

Anthropogonie de Ninhursag

Je ne crois pas secret le nid de Damkina,
Sublime Arachnéenne écartelant ses yeux
Par la vision multiple, où d'infinis dieux
Réalisent leurs égrégores en *tulpa*.
Un inconscient collectif nous imagine.
Dans sa toile étoilée, divine proportion,
Chaque goutte d'eau reflète en soi sa voisine,
Dc tout être, universelle perception.

CDIII.

Le Labyrinthe obscur

Après le détour de la fête,
Le sage explorateur du monde
Rentre dans le souk de sa tête.
Vrombit le retour d'une fronde
Sous le soleil qui l'a frappé.
Affleure, ô fraîcheur du Léthé,
La faim nocturne, vagabonde.

CDIV.

Le Vieux Thuérophore

L'arachnéen craquant aux yeux de braise,
Replié à l'angle du plafond, tremble.
L'armoire grince. Accroupi sur sa chaise,
Sursaute un vertige au regard crispé.
Tel son double, un cavalier va d'amble.
Silencieusement involué,
Hermès Strophaios hurle son mystère.
Le frisson pailleux du masque semble
Un Misophaes, aveugle insensé,
Du fond de l'Hadès fuyant la lumière.

CDV.

C'est reparti

On opposa souvent raison et passion.
Mais celle-ci n'est-elle pas l'une d'entre elles ?
Tu peux aimer passionnément l'équilibre,
Cette vertu enamourachée d'illusion
Qui saurait croire en des vérités immortelles
Un cœur plein de haute ardeur, et pourtant fait libre.

CDVI.

Nostalgie des Eons

Du premier cercle vingt-cinquième dimension
Où se réjouissent dans la chaleur de lumière
Les amis, affinités d'âme familière,
Aveugle, erre au large, engourdi, le prisonnier
De l'hexadécagone, effroi de l'apeiron
Par l'infini d'une glaciale obscurité.
Gnose éternelle d'Osiris ou saṃsāra,
Que l'incarné vivant, sarcophage de plomb,
Malgré tout sache encor guider l'ombre égarée,
Quand parmi les ténèbres, transi, percevra
L'esprit l'autre essoufflé, se hissera l'archée.

CDVII.

La Poitrine ouverte

Le sinistre roi Lycaon,
Avatar secret d'Apollon,
Du fond des sylves d'Arcadie,
Gangrène de sa dynastie
Des cavernes perdues surgie,
Rampe sous la ville Hanumān,
Hideux modèle de Pickman.
Comme un aigle de sang viking,
Respire, inhumain, ce *Yi Jing*.
Minoens en Asie Mineure
Etablis selon la légende,
Se souvient une antique offrande.
Chemins dont le pas moussu fleure
Les verts parfums de l'aspérule,
Des âmes une chouette hulule.

CDVIII.

Personnalité des Ages

Une période est une créature,
Un organisme, une émanation.
Les Crores, mécanisme d'un Eon,
Manifestent chaque antique figure
Comme une ère en zodiacale gravure.
Ainsi se forme des temps la nature,
Tel un moulage en constellation.
Talismanique origine future,
Le Cycle, accroc accroissant son allure,
Se produit, exact à la conjonction.

CDIX.

Gloussement

Comme une chouette au chant si doux,
D'un rictus méchant et glacial,
Reine des goules, Lamasthu,
En sept sorcières, infernal
Succube adorable au crin roux,
Plonge ses dents, poignard fatal,
Dans le sein de l'homme à l'œil fou.
Suffoque en rappel labial,
Ravalant le flot de son cou,
L'arghoul faussement virginal.
Mais chasse à la saison, ciel flou,
Ce trinoculaire chacal
Le souffle ardent de Pazuzu.

CDX.

Une pensée en marchant

Je suis vraiment content de quitter cette époque.
L'hypocrite a laissé l'ignoble jeu de poque.

Destin spirite, alors, tant pis,
De l'ironie faisons tapis.

Sous le ciel bleu d'ocre couchant des pyramides,
Des Carnutes parmi les faéries humides,

Finies, les mièvres fanfreluches
De ces cabarets à perruches

Buvant le sang des peuples et des idéaux.
Je retourne, intuition de mes sens animaux,

Errer par les sinistres landes,
Arracher du gibier les viandes,

Dans les forêts inextricables et profondes ;
Aux murailles de Sumer, mythe aux dieux immondes,

Sous un pin avec Platon ou Pline l'Ancien,
Plaisanter, la coupe à la main.

CDXI.

Le porcin urgue

La vie est une invocation,
Geste évoquant sa goétie.
Le hurlement de la passion,
Elan de tendresse infinie.
Le déséquilibre est ma Loi.
Libre, s'en va le guerrier froid.
La malicieuse ironie,
Herméneutique d'un démon,
Larvaire, étouffe son envie,
Sarcophage d'un papillon.
Abbaye gothique en Sicile,
L'abeille hors Mérovée s'instille.
O ma nostalgie de Lycurgue !
Talisman d'antique Télesme,
S'aime l'*arepo* qui resème.
Philanthropie de porcin urgue.

CDXII.

Les Bois qui crient

La folle y a construit
Un village maudit
Pour les fées de Puckley.
D'armoise et d'aspérule
Parfumé par ce lit,
Dans le soir qui s'embrume
D'un feu follet qui brûle,
Ma pipe se consume.

CDXIII.

Ce soir le ciel vert
semble admirer la forêt
mirage aquatique

CDXIV.

Le Globe extérieur

Les Anciens vont par les cités de leurs aïeux,
Comme des Mayas n'en croyant pas leurs yeux.
Cité régénérée de Cuciurpula,
Solaire iridescence en croix d'un astre noir !
Comme une ombre qui bien longtemps s'effaça,
Solitaire, je vais à travers le miroir.
Centre de galaxie, part l'introspection
D'un spectre agonisant de sa morne illusion.

CDXV.

Le Microcosme des émotions

La forme des étoiles d'eaux
S'incruste jusque dans les larmes.
Se fixant comme des cristaux,
La joie, la peine ou la colère
Se lisent ainsi que les carmes
D'un oracle tentaculaire.

CDXVI.

Le Baiser de Janus

Tel un flambeau, s'est éteinte
En sa chevauchée lointaine
Outrepassant l'androgyne,
Sa réflexion dans la bruine,
Comme un remords qu'une étreinte
Accroche de son shotel.
Baiser d'un souffle éternel.

CDXVII.

Les Sabbats de Verneuil-Grand

Warabouc tragianthrope au faciès hurlant,
Le bipède caprin fut brûlé en Arioth.
Le charmant par le signe, une enfant le guida.
Il devint doux comme un agneau, puis s'enflamma.
Mais le maudit, gesticulant tel Astaroth,
Lança des imprécations en se débattant.

CDXVIII.

La Statue ivre

M'écraseras-tu donc, marmoréenne fille !
D'une étreinte achevant son baiser de licorne.
Belle au bois dormant de Ludwig Sussmann-Hellborn
Dont les roses s'entrelacent à la cheville.
Ainsi que Galatée replongeant dans la mer,
Se transforme en écume un rêve de l'éther
Où se mêle le sang, tel un rouge crachin
Fracassé des éclats d'un front cyclopéen.

TABLE

I. Ma grotte secrète ………………………………….……………...…… 7

II. Ivresse architecturale

III. Butinage

IV. Aria pour Agathe

V. A Mélanie

VI. La Ruée

VII. Le Courant tellurique

VIII. Gonfanon

IX. Dialecte surnaturel

X. Piédestal

XI. L'Abomination des Pyrénées

XII. Inquiétude

XIII. Momifié vivant

XIV. N'allez pas là-bas

XV. Fantaisie japonaise

XVI. Haïku sur l'hiver

XVII. *Année oubliée...*

XVIII. Hendécasyllabes dantesques

XIX. La Trompe

XX. Hiéroglyphes runiques

XXI. Louange vibrante

XXII. La Nymphe des Brumes

XXIII. L'Icône

XXIV. Le Pélican

XXV. L'Antre intérieur

XXVI. Chloris

XXVII. Nostalgie originelle

XXVIII. La Sagesse de Mehen

XXIX. Le Reclus

XXX. Songe en miniature

   1. *Tu t'étais transformée, petite fée…*

   2. La Mère obscure

XXXI. Te rejoindre

XXXII. Sans retour

XXXIII. Conclusion

XXXIV. Transe fugace

XXXV. Retrouvailles oniriques

XXXVI. Miroir concave
XXXVII. Ogivette
XXXVIII. Les Deux Fontaines
XXXIX. Froncement
XL. Science terrible
XLI. Fidélité
XLII. Mon plaisir
XLIII. La Philosophie
XLIV. Condition
XLV. Pluralité
XLVI. Ma Reine ………………………......…...………..….…..…… 33
XLVII. Die Persönlichkeit
XLVIII. Changelin
XLIX. Pandémonium phosphorescent
L. Passage parallèle
LI. Salutation aux Nephilim
LII. Le Dipneuste
LIII. Le Cœur griffé
LIV. L'Odeur des bordels
LV. Secret réciproque
LVI. Ma jeunesse
LVII. Génération
LVIII. Angoisse littérale
LIX. Sérénité

LX. Johatsu
LXI. Consultation bibliothécaire
LXII. Le Sarcophage de Rennes-le-Château
LXIII. Les Trovants
LXIV. Moments et lieux
LXV. L'Absinthe au laudanum
LXVI. Mimosa pudica
LXVII. Palabre
LXVIII. Hibiscus
LXIX. Méditerranée occulte
LXX. Créature cornue
LXXI. Le Turnix mugissant
LXXII. L'inutile fou
LXXIII. Projection
LXXIV. Théorie du Djinn
LXXV. La Profanation inversée
LXXVI. Nychtographie
LXXVII. Le Courant tellurique
LXXVII..Craquelure
LXXVIII. Stridulation
LXXIX. Ce qui me fait vibrer
LXXX. Les Marins alsaciens
LXXXI. La Gratitude
LXXXII. La Tradition muette
LXXXIII. Charme des circonstances
LXXXIV. A Clément
LXXXV. Le Dogme contourné
LXXXVI. Le reflet noyé
LXXXVI. Le reflet noyé
LXXXVII. Les Endroits
LXXXVIII. Simonie
LXXXIX. Sentiment de déjà-vu
XC. Le Bougre
XCI. L'Esprit perdu
XCII. La Crasue
XCIII. Béhémoth
XCIV. Les deux Esprits
XCV. L'Œuvre solaire

XCVI. Le Prêtre impie
XCVII. Le Bonhomme de neige
XCVIII. Onction divine
XCIX. Intuition
C. Icauna
CI. Hurlement
CII. Ne pas naître trop tard
CIII. Lever de solstice
CIV. La Pipe de changa
CV. Culte sélénique
CVI. Les Menaces
CVII. L'Œil du Fronton
CVIII. L'Homme naturel
CIX. Hymne à Barbelô
CX. Liturgie
CXI. Selon Pierre et Thalès
CXII. La Nef
CXIII. La Sincérité
CXIV. Merica
CXV. Transcendance
CXVI. L'Ile sauvage
CXVII. Attitude
CXVIII. Trivium Trismesgistum
CXIX. Hurlement lophiiforme
CXX. Ophrys
CXXI. Hérédité
CXXII. Meshru nofer
CXXIII. Le Cri s'étouffe
CXXIV. Reptation
CXXV. Danièle
CXXVI. Permission
CXXVII. Méditation
CXXVIII. La femme improbable...
CXXIX. Sympathie
CXXX. Mignon cerisier...
CXXXI. Herméneutique
CXXXII. Pour lancer la malédiction
CXXXIII. Autre forme

CXXXIV. L'Intelligence de la Beauté
CXXXV. Rien n'est dit
CXXXVI. Tout est vrai
CXXXVII. Forme humaine
CXXXVIII. Cœur de saphir
CXXXIX. Involution vivante
CXL. L'Etreinte du Guerrier
CXLI. Phénomène
CXLII. Silbo
CXLIII. *Comme une Okiku…*
CXLIV. Diablotin aquatique
CXLV. Virtus
CXLVI. Derrière la vitre
CXLVII. Les Momies hurlantes
CXLVIII. Le Verbe neuf
CXLIX. Le revers du sabre
CL. Mon complice
CLI. Décollation
CLII. Cosmogonie d'airain
CLIII. Amon Agnostos
CLIV. Quintil gnostique
CLV. Le Bukkake spirituel
CLVI. Protogonos
CLVII. L'Hymne des Corbeaux
CLVIII. Le Serpopard
CLIX. Hajikkaki
CLX. Réaction
CLXI. Dédoublement
CLXII. Les Amis
CLXIII. D'r Dideltòpp
CLXIV. Chef !
CLXV. Les Quatre Cordes
CLXVI. Usure

CLXVII. निरन्त्रान्धकारित-दिगन्तर-कन्दलदमन्द-सुधारस-बिन्दु-सान्द्रतर-घनाघन-वृन्द-सन्देहकर-स्यन्दमान-मकरन्द-बिन्दु-बन्धुरतर-माकन्द-तरु-कुल-तल्प-कल्प-मृदुल-सिकता-जाल-जटिल-मूल-तल-मरुवृक-मिलदलघु-लघु-लय-कलित-रमणीय-पानीय-शालिका-बालिका-करार-विन्द-गलन्तिका-गलदेला-लवङ्ग-पाटल-घनसार-कस्तूरिकातिसौरभ-मेदुर-लघुतर-मधुर-शीतलतर-सलिलधारा-निराकरिष्णु-तदीय-विमल-विलोचन-मयूख-रेखापसारित-पिपासायास-पथिक-लोकान्

CLXVIII.Nunquam
CLXIX. Les Reniements
CLXX. Le Furtif
CLXXI. Sans vie
CLXXII. Racourci
CLXXIII. *L'été Musashi…*
CLXXIV. Altérité
CLXXV. Optimisme matinal
CLXXVI. Les Oublis
CLXXVII. Témoignage
CLXXVIII. Eveil nocturne
CLXXIX. Légende vivante
CLXXX. La Cueva de los Tayos
CLXXXI. Sentiment aux Lionnes
CLXXXII. Le Serpent sphérique
CLXXXIII. Prédation
CLXXXIV. Infinalité
CLXXXV. Engouement cétacé
CLXXXVI. Bébé
CLXXXVII. Pile ou face
CLXXXVIII. Hurlement serein
CLXXXIX. Psychologie
CXC. Les Recoins
CXCI. Ophisme
CXCII. Bocca della Terrore
CXCIII. Tiankeng
CXCIV. Sigil vaudou
CXCV. Chouetton
CXCVI. Le Chant de l'Eau
CXCVII. Mami Wata
CXCVIII. Réorganisme

CXCIX. Diagonale
CC. Gestation d'Agrigente
CCI. Autodétermination
CCII. Les Souvenirs d'Uruk
CCIII. Réhibernation
CCIV. Un baiser
CCV. La Porte des Obélisques
CCVI. Elena
CCVII. Le pont en arrière
CCVIII. Songe d'Ished
CCIX. Trébuchement
CCX. Ondoiement des couleurs
CCXI. Galerie parallèle
CCXII. Prison de l'Etre
CCXIII. Draconis
CCXIV. Pistil
CCXV. Langage secret
CCXVI. Jouvence
CCXVII. Langage
CCXVIII. Infrasons éthériques
CCXIX. Mon minuscule comparse
CCXX. Comment ?
CCXXI. ستى مستى, تولحظه ی مستی, *Ivresse du moment...*
CCXXII. Lecture en miroir
CCXXIII. Bitis gabonica
CCXXIV. Le Roseau, le pain et la vipère
CCXXV. L'Essor
CCXXVI. Waouh
CCXXVII. Ceux des Profondeurs
CCXXVIII. Directement
CCXXIX. Quintil d'Orion
CCXXX. Athanor céphale
CCXXXI. Les Immortels
CCXXXII. Neuvaine de sixte
CCXXXIII. Coi
CCXXXIV. Complicité
CCXXXV. Realia
CCXXXVI. Solitude d'axolotl

CCXXXVII. Rage sereine
CCLXXXVIII. Le Néant du Non-rien……………..………..... 135
CCLXXXIX. Atavis et Armis
CCXC. Le visage d'une prairie
CCXCI. Trachypithèque
CCXCII. Dryas
CCXCIII. Dans mon sommeil
CCXCIV. Le Rossberg
CCXCV. L'Extase inversée
CCXCVI. Le Destin
CCXCVII. La Houle du glou
CCXCVIII. Les Pucelettes
CCXCIX. Morituri
CCC. La Fiancée des Morts
CCCI. L'Intelligence du bon
CCCII. L'Absence de Thomas
CCCIII. Coquemaire
CCCIV. Luxation oculaire
CCCV. Le Magicien secret
CCCVI. Notre optimisme quotidien
CCCVII. Les chats dans mon crâne
CCCVIII. Katajjaq
CCCIX. Sylve chthonienne
CCCX. La Chanson
CCCXI. Fulicae
CCCXII. A l'orient
CCCXIII. Visite au droit chemin
CCCXIV. La Grâce
CCCXV. Explication
CCCXVI. Mokumokuren
CCCXVII. Plus loin
CCCXVIII. Le Cimpoi
CCCXIX. Exaucement
CCCXX. Le Spectre du lavoir
CCCXXI. Osselets prophétiques
CCCXXII. Le Premier Mois
CCCXXIII. Le Lieu où on regarde
CCCXXIV. Le Ciseau

CCCXXV. Incursion
CCCXXVI. Vision précipitée
CCCXXVII. Tension gothique
CCCXXVIII. Vieillerie
CCCXXIX. L'Animal
CCCXXX. Energie latente
CCCXXXI. La Noix divine
CCCXXXII. Le Coq vampire
1. *Plantant ses crocs absents d'un ancien dinosaure...*
2. *L'oiseau lape, goulu, l'épais liquide obscène...*
CCCXXXIII. L'Espoir moderne
CCCXXXIV. Fidem
CCCXXXV. Incantation babylonienne
CCCXXXVI. Entre deux
CCCXXXVII. Terre sacrée
CCCXXXVIII. Bien plus vieux
CCCXXXIX. La Singularité
CCCXL. Inspiration daemonique
CCCXLI. Euaggelion
CCCXLII. Un Regard
CCCXLIII. Ordo Draconum
CCCLXIV. Pour le baptême d'Elena
CCCXLV. La Singularité
CCCXLVI. L'Ecume du Loup
CCCXLVII. Phytonologie
CCCXLVIII. Les Lieux cachés
CCCXLIX. Diprosopie
CCCL. Perdant prise
CCCLI. La Vallée de l'étrange
CCCLII. Recorporation
CCCLIII. L'Aurige
CCCLIV. Le Crime
CCCLV. Mín skoal elskar þik
CCCLVI. Ecrasement
CCCLVII. Ogdoade en quatuor
CCCLVIII. Rencontre avec l'un d'eux
CCCLIX. Maternité
CCCLX. Seanon

CCCLXI. Vingt ans d'amour
CCCLXII. Zneon
CCCLXIII. Vortex antique
CCCLXIV. Endogamie
CCCLXV. L'Heure dite
CCCLXVI. Démonisme
CCCLXVII. Irrkrüt ulmaire
CCCLXVIII. En deçà du Chemin
CCCLXIX. Emmurement karmique
CCCLXX. Embaumement chaleureux
CCCLXXI. Truchement
CCCLXXII. Monition
CCCLXXIII. Bouture charnelle
CCCLXXIV. Le Sphinx apprivoisé
CCCLXXV. Structure de l'impossible
CCCLXXVI. Rêve éveillé
CCCLXXVII. Quintil incertain
CCCLXXVIII. Kybomancie
CCCLXXIX. Les Yeux saphaniques
CCCLXXX. Profanation
CCCLXXXI. Yaldabaoth confondu
CCCLXXXII. Au ciseau
CCCLXXXIII. Hogier de Danemarche
CCCLXXXIV. Le Miel du Kulung
CCCLXXXV. Le Progrès
CCCLXXXVI. Mue charnelle
CCCLXXXV. Tako to ama
CCCLXXXVI. Mirage réel
CCCLXXXVII. Nox splendens
CCCLXXXVIII. Le Pèlerinage inversé
CCCLXXXIX. Quarqabu
CCCXC. Le Parlant vrai
CCCXCI. Nox Angeli
CCCXCII. Le Pouvoir tacanan
CCCXCIII. Le Manège sinistre
CCCXCIV. Cloelia Tiberim tranauit
CCCXCV. L'Enfant besson
CCCXCVI. La Poudre d'héritage

CCCXCVII. Incisain
CCCXCVIII. La Barbe en feu
CCCXCIX. Turbulenta
CD. Le Suicide des Sirènes
CDI . Le Tunnel de Sète
CDII. Anthropogonie de Ninhursag
CDIII. Le Labyrinthe obscur
CDIV. Le Vieux Thuérophore
CDV. C'est reparti
CDVI. Nostalgie des Eons
CDVII. La Poitrine ouverte
CDVIII. Personnalité des Ages
CDIX. Gloussement
CDX. Une pensée en marchant
CDXI. Le porcin urgue
CDXII. Les Bois qui crient
CDXIII. Ce soir le ciel vert...
CDXIV. Sixain global
CDXV. Le Microcosme des émotions
CDXVI. Le Baiser de Janus
CDXVII. Les Sabbats de Verneuil-Grand
CDXVIII. La Statue ivre

DU MÊME AUTEUR

Sépulcres, 2006, La Société des Ecrivains

Noctifer, Le porteur de nuit, 2014, Books on Demand

Ouroboros, 2015, Books on Demand

Les Révélations d'Awalhdouateden, 2015, Books on Demand

Méditations lyriques, 2016, Books on Demand

Les Mystères intérieurs, ou l'Arche d'Outanapishtim, 2016, Books on Demand

Guenizah, Le Septième Livre, 2016, Books on Demand

Les Coquecigrues, 2017, Books on Demand

L'Avenir est passé, 2021, Books on Demand

CONTACT

joelgissypoesie.blogspot.com